Gerhard Gnauck

Syrena auf dem Königsweg
Warschauer Wandlungen

Picus Lesereisen

Picus Verlag Wien

Für Dziadek Bronisław und meine Nenn-Opas Mieczysław und Raul. Sie haben das 20. Jahrhundert in Warschau überlebt.

Grafische Gestaltung: Dorothea Löcker, Wien
Umschlagabbildung: Polnische Tourismusorganisation
Druck und Verarbeitung:
Druckerei Remaprint, Wien
ISBN 3-85452-786-1

Informationen über das aktuelle Programm
des Picus Verlags und Veranstaltungen unter
www.picus.at

Inhalt

Vorwort: Warschau oder Die permanente Transformation

Sagen wir es offen: Auf den ersten Blick fällt es nicht leicht, sich in Warschau zu verlieben. Man muss schon einen Sinn dafür entwickeln, aus Pflastersteinen, verschütteten Bunkern, seit zwei Generationen brach liegenden Flächen eine der vielen tragischen Geschichten herauszulesen, aus denen diese Stadt gestrickt ist.

Irgendwie erinnert diese Metropole an eine lebenshungrige, einstmals schöne Frau, der ein Säureanschlag einen Teil ihres Gesichts entstellt hat. Nun gut, sagt der Warschauer Publizist Adam Krzemiński, andere Städte haben ihr Gesicht gerettet, aber ihre Seele verloren (er meinte das weniger aufmüpfige Prag). Bei Warschau dagegen sei es umgekehrt gewesen. Wem fiele da nicht das Gedicht des Romantikers Juliusz Słowacki ein: »An Warschau«. Aus dem fernen Italien sandte der Dichter der geschlagenen Hauptstadt sein Lied:

(…) Ich glaube nicht, dass du erschrakst und
furchtsam bebtest
vor der Stirn des Zaren, vor den Zarenrittern.
Und als man sagte, dass du vor ihm niederknietest,
da war entsetzt ich – wie vom Blitz getroffen.
In ernstem Sinnen senkte ich die Stirn und sagte:
Du knietest wohl, die Krone aufzuheben,
die dir vom Haupte fiel und dir zu Füßen liegt.

Das Gesicht entstellt, doch die Seele gerettet. Aber die Seele sieht man nicht. Allenfalls hört man sie, und auch das nicht jeden Tag. Man hört sie in der »Stunde W«, jedes Jahr am 1. August um 17 Uhr. Dann heulen die Sirenen. Viele Autofahrer halten an, um des Warschauer Aufstands zu gedenken, der 1944 um diese Zeit ausbrach. Der Aufstand sei der einzige Fels, auf den diese Stadt gegründet ist, sagt Mateusz Bednarkiewicz. Heute, sechzig Jahre danach, läuft sein neuer Kultfilm »Warszawa« in den polnischen Kinos. Ein Film über junge Zugereiste im Warschau der Gegenwart. Eine auf Tradition, auf die Kontinuität der Szenerie und die Abfolge der Generationen gebaute Stadt, sagt der Drehbuchautor, gebe es nicht. Warschau muss jeden Tag neu erfunden werden.

So viel ist weggebrannt worden vom Fleisch dieser Stadt. Als erste Großstadt Europas, damals mit 1,3 Millionen Einwohnern, wurde sie im Zweiten Weltkrieg Opfer des Bombenterrors. Als eine der letzten wurde sie – oder das, was von ihr übrig geblieben war – kurz vor dem Abzug der Deutschen fast völlig zerstört. Mindestens die Hälfte der Warschauer hat den Krieg nicht überlebt. Die Lücken unter den Einwohnern, die damals gerissen wurden, sieht man auf der Straße heute nicht mehr; sie wurden nach und nach gefüllt von Zuzüglern und Nachwachsenden. Erst im Jahr 1970 erreichte die Stadt wieder die Bevölkerungszahl von 1939. Heute zählt sie 1,6 Millionen Einwohner.

Doch die Lücken im Gesicht der Stadt sind geblieben. Viele wurden seit Beginn der neunziger

Jahre von glitzernden Plomben gefüllt. Blau und grün und sonstwie glitzernde Türme schossen in den Himmel. Warschau: Ein schillernder Phoenix, auf Asche gebaut, dem immer neue Federn wachsen. Eine beängstigende, um nicht zu sagen blasphemische Metamorphose: erst Bombenabwurfplatz, dann Brachland, schließlich Boomtown. Ganz im Sinne eines beliebten Schlagers der Pop-Brüder Golec. Er handelt davon, wie sich ein polnisches *ściernisko* (Stoppelfeld) über Nacht in San Francisco verwandelt.

Wer heute einen Punkt finden will, von dem aus er Warschau einfach schön finden kann, der muss eine Weile suchen. Er sollte bei Sonnenuntergang am Ostufer der Weichsel spazieren gehen und von einer Mole aus hinüberschauen auf die steil ansteigende Altstadt. Dann wird er glauben, die Zeit sei, wie in so vielen polnischen Städten, zur Freude des Betrachters einfach stehen geblieben. Links wölbt sich barock das Königsschloss dem Strom entgegen, dann reihen sich flussabwärts Kirchturm an Kirchturm, Giebel an Giebel, bis die Kirche Mariä Heimsuchung mit ihrer Backsteingotik in der Neustadt einen markanten Schlusspunkt setzt. Als habe es die Kriegsschäden, den Wiederaufbau, Stalins Kulturpalast und die neuen Hochhäuser nie gegeben.

Dann wird der Reisende vielleicht mit der Straßenbahn über die Poniatowski-Brücke fahren und die Flaniermeile entlanglaufen, die den schönen Namen Nowy Świat trägt, »Neue Welt«. Dann weiter in die Straße Krakowskie Przedmieście (Krakauer Vorstadt) hinein, Richtung Altstadt. Recht kleinstädtisch, diese Strecke, die sich doch seit der Zeit der Monarchie »Königsweg« nennen darf. Nach Weltstadt sieht es hier eigentlich nicht aus. Doch wenn man die Annäherung von einer anderen Stelle an der Weichsel beginnt, sieht man aus der Ferne eine Silhouette von vielgestaltigen Hochhaustürmen, die den Betrachter nach Frankfurt am Main oder, mit etwas Phantasie, nach Chicago versetzen. Im Herzen der Stadt wiederum, in Sichtweite des Parlaments, der französischen und der geplanten deutschen Botschaft, eine begrünte Kolonie aus kleinen Holzhäusern. Ein Geschenk Finnlands an das kriegszerstörte Warschau, als Provisorium gedacht, bis heute bewohnt. An den Ausfallstraßen dagegen Supermärkte von solchen Ausmaßen, dass ihre Mitarbeiterinnen auf Rollschuhen durch die Gänge flitzen.

Und zugleich liegt in dieser Stadt, die einst die größte jüdische Gemeinde Europas beherbergte, heute Europas größter jüdischer Friedhof. (Wenn man von Auschwitz absieht, für das die Bezeichnung Friedhof kaum zutreffend ist.) Alles in dieser Stadt ist Erinnerung. Jeder Büroturm – eine Grabstele, hineingerammt in eine Wunde des 20. Jahrhunderts. Warschau, von Italienern entworfen, von Polen errichtet, von Deutschen zerstört, von Russen (mit) wiederaufgebaut. Oder sagen wir besser: von Russen repariert.

Der alte Czesław Miłosz, der Literaturnobelpreisträger, hat sich nach seiner Rückkehr aus dem kalifornischen Exil aus nachvollziehbaren Gründen nicht im rauen, hektischen Warschau niedergelassen. Doch er kennt diese Stadt, ebenso das Warschau der Vorkriegszeit und jenes des Jahres 1945. Auf seiner langen Wanderschaft hat er zu hören bekommen, was Europa von seinem Land zu wissen glaubt. Er hat es in Gedichtform gegossen: »Polen ist ein sumpfiges Land, in dem die Juden leben«. Ansonsten sei von diesem Land, dieser sandigen Ebene, »wenig bekannt, denn seine Trauer hat weder Hände noch Gesicht«. Doch hat der Erfolg dieses Landes, das sich so sehr an seine Niederlagen gewöhnt hatte, ein Gesicht? Ein feiner gezeichnetes als die Fratze vom »Tiger Europas«, zu der im Westen manche naiven Vorstellungen von Polen geronnen sind?

Schöne Städte sind langweilig; hässliche Städte sind schön. Hässliche, raue, quirlige, lebendige Städte voller Gegensätze, voller Spannung. Was wird aus dieser entstellten Schönheit werden? Wie laut wird ihre Stimme zu hören sein? Mit welchem Unterton wird der Reisende in zwanzig Jahren den Namen »Warszawa« aussprechen (für deutsche Zungen: Warrrschawa)? »Größte Baustelle Europas« (denn Berlin hat ausgebaut); »Hauptstadt einer neuen europäischen Regionalmacht«; »Die Metropole an der Ostgrenze der EU«; »Brückenstadt« (zum Glück ist nie von »Bollwerk« die Rede); »Schaufenster des Westens für den Osten«; »Das Tor nach Europa«; »Dynamisches Wirtschafts- und Finanzzentrum«? Herrje, was kommt da auf die Warschauer zu? Wer hier lebt, kennt doch das Dilemma dieses Landes: So viel Neues muss jetzt aus dem Boden gestampft werden, dass man sich kaum um die Pflege des Alten kümmern kann. So viele rennen ungestüm voran, dass viele andere nicht mehr mitkommen.

Lassen wir uns noch einmal an die Hand nehmen zu einem Spaziergang. Lassen wir einen Besucher von außen zu Wort kommen, der nicht nur nach Polen hinein- und wieder hinausgejettet ist. Alfred Döblin ist 1924 mit dem Schlafwagenzug nach Warschau gefahren und von dort in weitere Städte. Danach hat er für den Fischer Verlag seine höchst lesenswerte »Reise *in* Polen« geschrieben. Drei- oder viermal auf seinen Fahrten führte Döblin der Weg durch die polnische Hauptstadt. Er ging dort ins Theater, in die Philharmonie, ins Judenviertel, zu den Antisemiten, auf eine Behörde, in die Parks, auf Straßen und Märkte. Er schreibt über seinen Abschiedsspaziergang:

»Noch einmal durch die Straßen, an denen ich hänge, wochenlang von mir durchstreift. Die Marschallkowska, Krakauer Vorstadt. Menschen wieder begrüßt, Kino und Lokale besucht. Ich bin wehmütig, dankbar. Alles gerät ins Blitzen. Gern war ich hier, gefesselt bin ich; was ist das für ein Menschenschlag, Gemisch von Menschen; welche brodelnde Lebendigkeit, starken Reize. Hätte mich gern tiefer in alles hineinbewegt: aber blieb mit Taubheit und Stummheit geschlagen. Nun ade. Es gibt dieses Land. Ich weiß es herzlich.«

Pfau und Papagei der Völker

Liegt Warschau in Europa?

Wir sitzen in einer wunderschönen Wohnung in einer nagelneuen Wohnanlage. Der Umzug liegt nur wenige Monate zurück, doch was Asia und Jarek aus diesen hundert Quadratmetern im dritten Stock gemacht haben, ist wirklich zum Wohlfühlen. Im Flur ein wuchtiger, restaurierter Sekretär aus der Vorkriegszeit; die Parlamentsverwaltung wollte ihn zum Sperrmüll geben. Im Wohnzimmer ein alter, gut gestimmter Flügel und eine neue, butterweiche Couch. Durch die Fensterfront und über den Balkon hinweg blickt man direkt in die Baumkronen, dazwischen ein Stück Park. In der Ferne sticht die Nadelspitze des Kulturpalasts in den Abendhimmel.

Ich habe Asia, Warschauerin und Polonistikdozentin der mittleren Generation, gebeten, mir das Verhältnis Polens zu Europa zu erklären. Erst hatte ich im »Vademecum Europa von A bis Z« nachgeschlagen, einer nützlichen Publikation für polnische Eurokraten im Taschenformat. Danach im 5500 Seiten umfassenden »Vertrag zwischen dem Königreich Belgien, dem Königreich Dänemark, der Bundesrepublik Deutschland … (es folgen vier weitere Königreiche, ein Großfürstentum und sieben weitere Staaten) und der Tschechischen Republik, der Republik Estland … (es folgen acht weitere Republiken, darunter Polen)« über die Erweiterung der EU. Doch überall Fehlanzeige. Ich vermutete, es müsse doch irgendeinen Klassiker geben, der sich über die Frauengestalten Polonia und Europa verbindlich geäußert hätte.

Asia greift zu einem dicken, weinrot gebundenen Buch mit Gedichten von Juliusz Słowacki. Wir suchen »Agamemnons Grab. Fragment von der griechischen Reise«. Słowacki, der als einer der drei »Seher« (*wieszcz*) in der polnischen Literatur verehrt wird, hatte in den dreißiger Jahren des 19. Jahrhunderts fast den gesamten Mittelmeerraum besucht. Er beschwört, von der Gegenwart bedrückt, die verflossene Größe Griechenlands und Polens. Der Ritt in die polnische Seele kann beginnen:

»Sie locken, Polen, dich mit Flitterkram!
Du warst der Völker Pfau und Papagei,
Jetzt bist du fremden Herren untertan!«

»Fremden Herren untertan« ist ja noch diplomatisch ausgedrückt. Damals richtete sich der Zorn des Dichterfürsten gegen die Besatzungsmächte Russland, Preußen, Österreich und ihre polnischen Kollaborateure. »In die Gegenwart übersetzt«, fährt Asia fort, »könnte das heißen: Wir werden von Brüssel mit billigen Versprechungen (Flitterkram) abgespeist. Und dann diese oft zitierten Worte vom Pfau und vom Papagei: Da richtet sich Słowacki gegen das ewige Sichmessen und Sichvergleichen mit dem Westen. Die haben ihren Versace und wir haben unseren Arkadius und so weiter.«

»Möge zu nächtlicher Stunde das Volk aus dem Grab
Sich erheben und die Nationen erschrecken …«

Słowacki beschwört hier die Auferstehung des besetzten und geteilten Polen herauf. »Kämpfen muss man«, erklärt Asia, wieder der Gegenwart zugewandt, »zum Beispiel gegen die Hegemonie der Großen, Deutschlands und Frankreichs, die in der EU den Ton angeben wollen. Kämpfen, nicht klein beigeben. Du siehst, das ist ein oft zitierter, ein für das Selbstverständnis Polens kanonischer Text.«

Um keine Zweifel aufkommen zu lassen: Asia kennt ihr/unser Europa. Die Polen durften ziemlich frei reisen; so hat sie sich Italien und den Westen Deutschlands schon in den siebziger Jahren erobert. Asia hat im Referendum zu Pfingsten 2003 zwar mit gemischten Gefühlen, aber eben doch für den EU-Beitritt gestimmt. Die meisten der Warschauer, die ich kenne, haben das Gleiche getan. Aus einer verzweifelten Liebe heraus oder mit dem Stoßseufzer auf den Lippen: »Wir haben doch keine andere Wahl.«

In der Tat: Es gab gute und hinreichend bekannte Gründe, mit »Ja« zu stimmen. Grund zur Besorgnis, zur Skepsis gab und gibt es ebenfalls. Da ist die Befürchtung, in der EU immer der Schwächere zu bleiben, der arme Verwandte, der Nachzügler. Der Papagei, der nachplappern muss, was andere vorbeten. Da ist die Sorge, die zarten Pflänzchen des neuen Unternehmertums würden der starken westlichen Konkurrenz wehrlos ausgeliefert sein. Die Angst vor steigender Arbeitslosigkeit und steigenden Preisen. Womöglich könnten die deutschen Vertriebenen ihre früheren Häuser zurückbekommen wollen. Da ist auch noch die Belastung für den Staatshaushalt: Polen wird Jahr für Jahr 2,4 Milliarden Euro als EU-Beitrag an Brüssel überweisen müssen, während die Brüsseler Fördergelder an andere Adressaten in Polen fließen, aber nicht in die Staatskasse.

Angesichts der vielen kritischen Stimmen war denn doch erstaunlich, wie deutlich sich die Polen für den Beitritt entschieden haben: Bei einer Wahlbeteiligung von 58,85 Prozent gab es 77,45 Prozent Ja-Stimmen. Immer wieder hörte man, nach allem Abwägen des Für und Wider, von Stimmbürgern an den Warschauer Wahlurnen ein pragmatisches, in die ferne Zukunft gerichtetes Argument: »Unsere Kinder werden es eines Tages besser haben.« Oder aber, auch wenn das nicht so oft ausgesprochen wurde, eher zwischen den Zeilen mitschwang, eine auf die Vergangenheit gestützte Begründung: »Das sind wir unseren Vorfahren, unserer Geschichte schuldig.«

Denn natürlich fühlten sich diese Vorfahren als Europäer. Mehr noch, oft sahen sie ihr Land als Bollwerk Europas, als antemurale christianitatis, als Vormauer des Abendlands. Ob sie sich nun bei Liegnitz den nach Westen ziehenden Mongolen entgegenstellten (1241), vor Wien den Türken (1683) oder, im »Wunder an der Weichsel« bei Warschau, den russischen Bolschewiken (1920). Ob sie nun romanische Kirchen bauten, gotische oder barocke.

Auf die Euro-Scheine wird das Land noch einige Jahre warten müssen, doch an den darauf verewigten Epochen der Kunstgeschichte hat es seinen Anteil gehabt. Freilich hat die Romanik das im Jahr 966 christianisierte Polen, das 1025 unter Bolesław dem Tapferen zum Königreich erhoben wurde, nur wenig berührt. Nur einige Gotteshäuser im Land zeugen davon. Die Stadt Warschau wurde am Ort eines älteren Fischerdorfes erst um 1300 gegründet, zu spät, um etwas von der Romanik mitzubekommen. Die ersten Kirchen wurden hier noch aus Holz gebaut, auch wenn Polen damals schon von König Kazimierz (Kasimir) dem Großen regiert wurde. Kazimierz, der letzte Herrscher aus der Dynastie der Piasten, hat einer Redewendung zufolge »ein Polen aus Holz vorgefunden und eines aus Stein hinterlassen«. Mit Ausnahmen.

Doch aus den Jahren um 1400 datieren in Warschau immerhin zwei gotische Kirchen, die Johanneskathedrale in der Altstadt und die Kirche Mariä Heimsuchung in der angrenzenden Neustadt. Nicht zu vergessen die 1518 von der Adelsfamilie Ossoliński gestiftete, ebenfalls gotische Apostel-Jakob-Kirche am Stadtrand. Sie alle sind erhalten beziehungsweise wiederaufgebaut. Der älteste Flügel des späteren Königsschlosses zeigt ebenfalls noch gotische Spitzbögen: aus der Zeit, da hier die Herrscher der Region residierten, die Herzöge von Mazowsze (Masowien).

Die vielen Kirchen und Palais des Barock wollen wir hier nicht alle aufzählen, auch die Namen ihrer Baumeister nicht herunterbeten. Wer die Anwesenheit italienischer, niederländischer oder deutscher Künstler als Ausweis europäischen Charakters sieht, dem seien nur die wichtigsten genannt: Tilman van Gameren baute Ende des 17. Jahrhunderts das Wasserschloss, das Palais Krasiński, weitere Palais und Kirchen und zusammen mit Agostino Locci das wohl schönste Warschauer Schloss: Wilanów (villa nova). Bernardo Belotto, genannt Canaletto, hielt die Ansichten der Stadt – ebenso wie die Dresdens und Wiens – in großformatigen Veduten fest, die nach 1945 den Wiederaufbau wesentlich erleichterten. Der Danziger Andreas Schlüter schuf die Giebelreliefs am Palais Krasiński und einige Figuren in van Gamerens Bernhardinerkirche, ehe er als Architekt des Berliner Stadtschlosses berühmt wurde. Matthäus Daniel Pöppelmann, zunächst Erbauer des Dresdner Zwingers, entwarf später im Herzen Warschaus das Sächsische und das benachbarte Brühlsche Palais, die beide 1944 gesprengt wurden. Jetzt steht ihr Wiederaufbau bevor.

Gesprengt – von Europäern. Es dürfte bekannt sein, dass Polen im Lauf der Geschichte, leider mit steigender Frequenz, von seinen Nachbarn misshandelt, von Verbündeten dagegen im Stich gelassen wurde. Ende des 18. Jahrhunderts haben die Österreicher sich einen Teil Polens einverleibt (ihn aber vergleichsweise milde regiert). Die Russen und die Preußen haben das Gleiche getan und noch mehr: Sie haben versucht, dem Volk seinen Lebensraum streitig zu machen, ihm seinen Besitz wegzunehmen, seine Sprache, auch seinen Glauben zu bekämpfen. Bis zum Ersten Weltkrieg dauerte dieser Zustand; nach dem Eindruck mancher Zeitgenossen war das gegen Polen gerichtete Bündnis der »drei schwarzen Adler« oder, wie Garibaldi sie nannte, der »drei Geier des Nordens«, gar für die Ewigkeit geschmiedet.

Der gefeierte Staatsmann Otto von Bismarck, der etwas Polnisch konnte und dem preußischen Kronprinzen empfahl, seinen Kindern diese Sprache beizubringen, sah in seinen slawischen Untertanen die Störenfriede der europäischen (Un-)Ordnung schlechthin. Man müsse sie hauen, »dass sie am Leben verzagen«, schrieb er in einem privaten Brief. Und die anderen Europäer, die Briten, die Franzosen? Sie waren weit genug entfernt, um von den Polen innig geliebt zu werden, und zugleich allzu weit, um sich wirklich um Polens Angelegenheiten kümmern zu müssen.

Zurück zur Gegenwart. Asia erzählt, dass sie in Deutschland immer wieder gefragt wurde, ob denn die polnische Sprache in kyrillischen Buchstaben geschrieben werde. Eine Warschauer Studentin, vor kurzem Au-pair-Mädchen in Süddeutschland, berichtet, ihre Gastfamilie habe sie wohlmeinend darüber »aufgeklärt«, dass die kleinen Plastikbecher im Kühlschrank Jogurt enthielten und wie man sie öffne. In solchen Situationen breiten die Polen ratlos die Arme aus und greifen zu der beliebten Eisbären-Metapher: »Und ihr glaubt wohl, bei uns laufen auf der Straße Eisbären herum?!«

Bei dieser Gelegenheit ist klarzustellen: Auf Polens Straßen sind zwar gelegentlich Braunbären, Wölfe, Luchse, Wisente und Elche zu sehen; Letztere verirren sich winters sogar in die Vororte Warschaus. Auch die weiße Schneeeule wurde schon gesichtet. Doch das Auftauchen eines Eisbären gehört ins Reich der Fabel. Bei einem großen, weißen Etwas im Nebel am Straßenrand könnte es sich um einen neuen Volkswagen oder Opel handeln, wie sie heute in Polen vom Band rollen.

Was gäbe es noch zu sagen zum Thema Polen und Europa? Dass die Polen es nicht allzu gern hören, wenn sie »Osteuropa« zugerechnet werden. Der Osten, das ist doch etwas ganz anderes. Mitteleuropa, heißt es dann, zur Not auch Ostmitteleuropa, das trifft unsere Lage. Und da der geografische Mittelpunkt Europas nach seriösen Berechnungen in der Ukraine liegt, nach anderen, nicht weniger seriösen Berechnungen in Litauen, nach wieder anderen in Westböhmen, wird man kaum fehlgehen, als Mittelpunkt all dieser Mittelwerte einen Ort in Polen zu vermuten.

Mittelpunkt hin oder her: Es ist schon sehr beachtlich, wie viele Reisegruppen aus dem Großraum Europa neuerdings durch die polnische Hauptstadt rollen. Manche sogar mit Blaulicht vorneweg. Vom mitteleuropäischen Präsidententreffen gegen den Terrorismus bis zur Europäischen AIDS-Konferenz mit dreitausend Teilnehmern – plötzlich rennt alles nach Warschau. Unter den Gästen dominiert eindeutig die Politik. Die EU-Kommissare geben sich fast schon die Klinke in die Hand. Wer war da noch? Das japanische Kaiserpaar, Bill Gates, Placido Domingo, der Architekt Norman Foster (der als Einziger etwas

Bleibendes hinterließ: ein von vielen Warschauern heftig geschmähtes, fünfeckiges Bürohaus gegenüber dem Grabmal des Unbekannten Soldaten).

Auch die europäische Industrie reist an, zumeist mit dem Flugzeug. Da reicht die Zeit wohl nicht, um sich, wie einst der scharfe Beobachter Alfred Döblin, in ernste Gespräche zu vertiefen. »Russland und Deutschland sind unsere gefährlichsten Feinde«, sagte ihm ein junger Pole in seinem Schlafwagencoupé, »Deutschland ist schon wieder industriell das stärkste Land.« Döblin registriert gegenüber dem Nachbarn im Westen dreierlei: Furcht, Anerkennung und Hass. Daran knüpft er eigene Überlegungen, denen man nicht ansieht, dass sie vor achtzig Jahren zu Papier gebracht wurden: »Die Deutschen propagieren neuerdings durch einige Geistige die Idee der Vereinigten Staaten von Europa. Das ist nicht etwa Sentimentalität, sondern Hinterlist. Es ist niemand anders als die deutsche Industrie, die ein Interesse daran hat.«

Dass die Industrie im »alten Europa« sich von neuen Märkten, neuen Arbeitskräften und neuen Produktionsstandorten Vorteile verspricht, war damals schlüssig und ist es heute erst recht. Und was ist mit der Kultur? War sie nicht über politische Grenzen hinweg das einigende Band, das Europa zusammenhielt? Fast scheint es heute, als habe sie den Atem verloren, als müsse man sich in Ost und West erst neu auf das verbindende Erbe besinnen. Und das ist kein Kinderspiel, denn im vorigen Jahrhundert ist eine Reihe genialer

Querköpfe aufgetaucht, die mit dem kulturellen Erbe ihres eigenen Volkes über Kreuz lagen. Witold Gombrowicz zum Beispiel, der alles andere als ein Nationaldichter im Sinne Słowackis sein wollte, der Polen von sich stieß als »eines der Hindernisse, die mir das Leben erschweren«, und der seine Landsleute doch zugleich aufforderte, innerhalb der europäischen ihre eigene Identität herauszubilden. Nach dem Studium in Warschau und Paris hatte ihn der Zweite Weltkrieg auf einer Schiffsreise nach Südamerika überrascht; erst ein Vierteljahrhundert später kehrte er in den freien Teil Europas zurück, nach Berlin (West) und dann nach Frankreich. In seinen »Tagebüchern« schrieb er 1954:

»Eines der großen Probleme unserer Kultur ist – sich Europa entgegenzustellen. Wir werden kein wahrhaft europäisches Volk sein, solange wir uns nicht von Europa abheben; denn Europäertum beruht nicht darauf, mit Europa zu verschmelzen, sondern dessen Bestandteil zu sein, ein spezifischer Teil, der durch nichts zu ersetzen ist. Und zugleich: Nur indem wir uns Europa, das uns hervorgebracht hat, entgegenstellen, können wir bewirken, dass wir am Ende ein Jemand mit einem eigenen Leben werden.«

Das hat der Emigrant Gombrowicz vermutlich nicht als politische Gebrauchsanweisung geschrieben. Warten wir ab, wie sich Polonia im europäischen Korsett mit Brüsseler Spitzen fortbewegen wird. Wird sie dabei Schmerz empfinden? An Europa leiden? Auf Schritt und Tritt Widerspenstigkeit demonstrieren? Oder nur jenen gesunden, gelassenen Egoismus, wie er in der EU gang und gäbe ist?

Polen und Europa: Das dürfte eine schwierige Wiedervereinigung werden. Aber nicht im Sinne der Heimkehr des verlorenen Sohnes. Nein, Polen war nicht auf Abwegen wie der junge Mann im biblischen Gleichnis. Polonia hat sich nicht klammheimlich davongemacht. Diese Tochter der europäischen Familie wurde allenfalls verloren *geglaubt*. Ihre Geschwister hatten sie aus den Augen verloren. Jetzt steht sie wieder vor uns: Noch ist Polen nicht verloren.

Europas zweiter Lungenflügel

Liegt Warschau im Osten?

Mit der Bestimmung Europas ist es schon kompliziert genug. Niemand weiß so recht, wo seine Grenzen liegen. Mit »dem Osten« ist es noch schlimmer. Keiner will dazugehören, und die präziseste Angabe, die man auf die Frage nach dieser Weltgegend bekommt, ist eine unwillig ausgeführte Handbewegung, die über den Rücken in die Ferne weist. »Der Osten« ist eine relative Größe. Mateusz, mein Warschauer Freund, antwortete mir auf die Frage, ob wir hier in Warschau denn dazugehörten, mit einem Witz: Ein Franzose will nach Moskau, ein Russe nach Paris. In Warschau verlassen beide ihren Zug. Beide glauben, sie seien schon am Ziel. Der Franzose wähnt sich im Osten, der Russe atmet schon den Westen.

Wir ahnen schon: »Ost« und »West« sind mehr als nur Himmelsrichtungen, sind nicht zu verwechseln wie rechts und links. Wolf Biermann, der auch Lieder über Polen geschrieben hat, sang einmal, der Westen sei »bunter und schöner und schauer«, der Osten dagegen »schlechter und grauer«. Doch Polen hat mit seiner Verortung auf der Ost-West-Achse selbst im geografischen Sinne ein Problem. Michał Ogórek, der Chef-Satiriker der größten Tageszeitung *Gazeta Wyborcza,* hat das in einer für Ausländer verständlichen Weise (allerdings auf Polnisch) in einem Büchlein beschrieben, das er gleich nach der Wende den Besuchern seines Landes gewidmet hat. In der Einleitung heißt es:

»Je nach historischem Zeitraum finden wir Polen auf der Landkarte mehr im Osten oder mehr im Westen. Finden wir es nirgendwo, war es gerade geteilt. Durch den Vertrag von Jalta (1945) wurde Polen eindeutig in Richtung Europa verschoben. Doch asiatische Einflüsse haben sich in großem Maße erhalten, erkennbar am nomadischen Charakter der Bevölkerung, die entsprechend den Grenzverschiebungen von einem Ort zum anderen zieht.«

Entsprechend diesen Verschiebungen hat sich auch die Lage der Stadt Warschau verändert. Als sie im Jahr 1596 von Krakau die Rolle der Hauptstadt übernahm, befand sie sich weit im Westen eines der größten Staaten Europas, der sich im Osten bis zum Schwarzen Meer erstreckte. Heute dagegen ist sie, Berlin und Wien vergleichbar, an den östlichen Rand ihres Landes gerutscht. Nur 150 Kilometer muss man durchmessen, das sandige Masowien und das waldreiche Podlasie (Podlachien) hinter sich lassen, dann ist Polen heute zu Ende. In der Nähe der Grenzstadt Brest taucht aus den Getreidefeldern ein funkelndes blaues Raumschiff vor uns auf: Der neue Grenzübergang Koroszczyn mit verglastem Tower, größtenteils aus privaten Mitteln und ein wenig auch von Brüssel finanziert. Noch ein paar Schritte, und man steht am Bug, dem Grenzfluss zu Weißrussland und zur Ukraine.

Da beginnt dann ganz sicher jene ungemütliche Gegend, die wir »Osten« nennen. Doch in Warschau? Ist die Stein gewordene Unwirtlichkeit, die der Kommunismus vielerorts hinterlassen hat und die sich nicht so leicht austreiben lässt wie der Glaube an die Planwirtschaft, Beleg dafür, dass wir uns »im Osten« befinden? Gustaw Herling-Grudziński, der die Stadt 1939 als Student erlebte, dann über ein sowjetisches Lager und die polnischen Truppen im Nahen Osten nach Neapel gelangte, erkannte sein Warschau in den neunziger Jahren nicht mehr wieder. Er sah, wie er sagte, eine »Steppenstadt«. Zugige Plätze und breite Ausfallstraßen, an deren Rändern der Wind den masowischen Sand zusammen- und wieder auseinander fegt.

Der in Deutschland auch als Herling verlegte Schriftsteller war kurz vor seinem Tod im Jahr 2000 Gast der Internationalen Warschauer Buchmesse, die alljährlich im Mai im Kulturpalast stattfindet. Seine Verehrerinnen und Verehrer standen Schlange. Sie wollten von ihm nicht nur, wie von allen, eine Widmung; sie brachten ihm und nur ihm Blumensträuße mit. Ein Zeichen der Ehrerbietung für diesen leidgeprüften, sprachgewaltigen, für einen Kurzbesuch angereisten Emigranten. Und das alles im von Stalin gestifteten Kulturpalast, dem Symbol sowjetischer Zwingherrschaft in Polen, von dem noch die Rede sein wird.

Mit diesem Wolkenkratzer, der an das Gebäude der Moskauer Lomonossow-Universität erinnert, hat sich der Osten auf ewig ins Stadtbild hineingemauert. Das Bauwerk war lange Zeit sehr unbeliebt; manchen Warschauern erschien der Abriss als die einzige erträgliche Lösung. Heute ist davon nicht mehr die Rede, vielmehr gehen die Stadtväter jetzt daran, den Koloss architektonisch einzufrieden. Ähnliche Emotionen löste ein anderes, ebenfalls imposantes Bauwerk aus, mit dem die östlichen Nachbarn schon früher versucht hatten, das Antlitz der Stadt zu verändern. Gegen Ende der Teilungszeit, als der Titel »Königreich Polen« (von Russlands Gnaden) ausgedient hatte und in Warschau nur noch ein Generalgouverneur des Zaren regierte, entstand mitten auf dem heutigen Piłsudski-Platz eine gewaltige orthodoxe Kathedrale mit Zwiebeltürmen. Fertig gestellt wurde sie kurz vor Ausbruch des Ersten Weltkriegs, der dem Land die ersehnte Unabhängigkeit und Einheit brachte. Das katholische Polen entschied schnell: Die orthodoxe Kirche, gerade erst errichtet, wurde wieder abgerissen.

Doch nicht alles, was die Russen erbauten, ist verschwunden. Die orthodoxe Kathedrale steht heute im Stadtteil Praga, dem Teil Warschaus östlich der Weichsel. Wer sie betritt, wird mit etwas Glück Seine Eminenz den hochwürdigen Metropoliten Sawa von Warschau und ganz Polen zu Gesicht bekommen. Nach Ende des Gottesdienstes tritt er mit der kronenartigen Mitra auf dem Kopf und seinem rauschenden Bart aus der Ikonostase heraus, streicht den Kindern über den Kopf, während Frauen im Kopftuch sich verneigen und ihm die Hand küssen.

Hier, im Schatten der Zwiebeltürme und der ihnen gegenüberstehenden, grimmig dreinschauenden Sowjetsoldaten in Bronze, hier am Wilnaer Bahnhof, wo einst die Eisenbahn nach St. Petersburg abfuhr, lebt das östliche Warschau. »Asien beginnt östlich der Weichsel«, sagen die Einwohner vom westlichen Ufer, und wenn das stimmt, wohnt jeder dritte Warschauer in Asien. In diesem Stadtteil ist nicht nur die Architektur-, sondern auch die Wirtschaftsgeschichte stehen geblieben. Der Basar- und Straßenhandel, der Urschlamm des neuen Kapitalismus, blüht hier ein letztes Mal. Vor allem im und um das frühere Fußballstadion, das »Stadion der Zehn-Jahres-Feier« herum. Seit Jahren befindet sich an diesem Ort einer der größten Basare des früheren Ostblocks. Die Betreiberfirma hat ihm den klangvollen Namen »Jarmark (Jahrmarkt) Europa« gegeben. Schon nachts um drei ziehen die ersten Kleinhändler, Polen und Litauer, Ukrainer, Kaukasier und Vietnamesen, durch die dunklen Straßen hierher.

Alsbald öffnen sie dann ihre Stände mit Teppichen, Pelzen und Unterwäsche, Hi-Fi- und Computertechnik, CD-Raubkopien und Ferngläsern, Bernstein und Kaviar, unverzollten Zigaretten und Spirituosen. »Hier können Sie alles kaufen«, raunte mir ein Taxifahrer zu, als wir dorthin fuhren, »Waffen, Gold, sogar eine Frau.« Oder zumindest eine Matrioschka-Holzpuppe mit Bin-Laden-Motiv. Von Jahr zu Jahr überlegen die Stadtväter, ob sie dieses »Geschwür«, wie Stadtratspräsident Wojciech Kozak es nennt, nicht beseitigen sollten. Doch bisher blieb alles beim Alten, nicht zuletzt wegen der Sorge, das Verschwinden des Jarmark Europa werde die Minderbemittelten ihrer Einkaufsmöglichkeit berauben – und Wählerstimmen kosten. Was die Politiker nicht schafften, schafft womöglich die Europäische Union: Die 2003 eingeführte Visapflicht für die östlichen Nachbarn hat den Händlerstrom merklich zurückgehen und die Preise auf dem Jarmark steigen lassen.

Schon drei Straßen vom Jarmark entfernt wohnt man sehr angenehm. Saska Kępa (Sächsische Wiese, Werder) heißt dieses von Sachsenkönig August III. umgestaltete, aus Villen, Reihen- und Mehrfamilienhäusern bestehende Viertel. Nur der allmorgendliche Vorbeimarsch der Kleinhändler und der schwermütige Tango der rumänischen Straßenmusikanten – Akkordeon und Saxophon – erinnern daran, dass wir uns im Osten befinden. Viel alte Bausubstanz, die zu bewohnen jetzt wieder schick wird. Winzige Läden, in denen die faltenreiche Pani Zofia seit 1948 Gemüse verkauft und Pani Ela schon in zweiter Generation Regenschirme, nur Regenschirme. Aber auch neue Cafés, eine Sushi-Bar, ein Döner-Lokal. In Praga-Nord dagegen, weiter zum Wilnaer Bahnhof hin, Mietskasernen, von denen der Putz quadratmeterweise herabfällt. Die kommunale Wohnungsverwaltung teilt auf Plakaten höflich mit, dass jeder Zweite im Haus mit der Miete im Rückstand ist.

Hier ist der Osten wirklich nicht weit. Die Rote Armee erreichte diese Viertel während des Warschauer Aufstands als erste und verhinderte hier Hitlers Plan, Warschau auf einen geografischen Punkt zu reduzieren. So viele alte Häuser sind erhalten geblieben, dass Roman Polanski seinen Film »Der Pianist« vor allem im Osten Warschaus drehte. Die Rote Armee war schon früher einmal hier gewesen. 1920 stand sie nur wenige Kilometer weiter, bei Radzymin – und wurde in einer verlustreichen Schlacht zurückgeschlagen.

Am Vorabend des Ersten Weltkriegs zählte die russische Garnison in der Stadt fünfzigtausend Soldaten. Die backsteinrote Zitadelle im Stadtteil Żoliborz (joli bord, schönes Ufer) erinnert an diese Zeit. Die Sowjets dagegen waren nach 1945 klug genug, ihre Truppen nur fern der Hauptstadt zu stationieren. Erst 1994 verließ der letzte russische Soldat polnischen Boden. Die jahrhundertelangen Versuche der Russifizierung und Sowjetisierung waren erfolglos geblieben. Stalin hatte eben doch Recht, als er sagte, der Kommunismus passe zu den Polen wie der Sattel auf die Kuh.

Und dennoch ist Polen ein Teil des Ostens. Marschall Piłsudski meinte, das Land sei wie eine Brezel: am besten an den Rändern. Er selbst kam aus den *kresy*, den östlichen Grenzgebieten, aus dem heutigen Litauen. Ein wenig ist von dem multikulturellen Miteinander in der Gegend östlich von Warschau noch heute zu spüren, am stärksten am heiligen Berg in Grabarka, dem Wallfahrtsort der polnischen Orthodoxen.

Wenn die Warschauer Politiker von der »östlichen Dimension« der EU sprechen, die sie mitgestalten wollen, stützen sie sich auf diese traditionelle Verbundenheit Polens: mit den Kulturen der

Minderheiten im eigenen Land, aber auch mit den Ukrainern, Weißrussen, Balten und Russen jenseits der Grenze. Folk-, Ethnopop- und Klezmer-Gruppen schöpfen, ebenso wie die polnischen Ikonenmaler, aus dem kulturellen Erbe und der Spiritualität dieser Welt. Man kann nur hoffen, dass auch der kulinarische Reichtum dieser lange vergessenen Hälfte Europas über Polen seinen Weg nach Westen findet. Um es mit den Worten des polnischen Papstes zu sagen: Europa hatte schon immer zwei Lungenflügel. Der östliche hat 1989 wieder zu atmen begonnen. Die Mitte Europas liegt ostwärts. Natürlich liegt Warschau im Osten.

Morgen ist hier San Francisco

Liegt Warschau in Amerika?

Natürlich liegt Warschau in Amerika. Nicht nur einmal: Siebenundzwanzig Orten in den USA und einem in Kanada haben polnische Einwanderer den Namen Warsaw (englisch für Warschau) gegeben. Der größte unter ihnen zählt heute zwölftausend Einwohner und hat immerhin einen Flughafen. Er ist Hauptstadt des Kosciusko County in Indiana. Der etwas anders zu buchstabierende Pole Kościuszko, einer der Väter der polnisch-amerikanischen Freundschaft, war Teilnehmer des amerikanischen Unabhängigkeitskriegs, später oberster Heerführer gegen die Russen vor der dritten Teilung Polens. Angeblich zwölf Millionen US-Bürger blicken heute auf polnische Vorfahren zurück, die im 19. und 20. Jahrhundert, oft von bitterer Armut getrieben, den Sprung über den großen Teich gewagt haben. Die meisten Amerika-Polen leben heute in Chicago, und über ihren atemberaubenden Reichtum kursieren an der Weichsel allerhand beeindruckende Geschichten.

Aber es geht hier weniger um die Warschaus in Amerika, vielmehr darum, ob nicht auch das ferne Amerika im polnischen Warschau Platz findet. Die Hoffnung darauf gibt es, und nie war sie so aktuell wie heute. Niemand hat sie schöner besungen als die Musikgruppe »Golec uOrkiestra«. Die bezopften Brüder Łukasz und Paweł Golec singen, Edyta Golec spielt Bratsche, Wojtek Golec Akkordeon (um wenigstens einen Teil der Musiker zu nennen). Ihr teilweise im Dialekt gesungener Ethnopop rangiert auf den Hitlisten ziemlich weit oben. Der Schlager »Ściernisko« handelt von einem Mann, der, von seinen Nachbarn belächelt, die Ärmel aufkrempelt und sich nach echt polnischer Heimwerkermanier seine Zukunft baut. Der Refrain lautet: »Hier ist heute Stoppelfeld (*ściernisko*) / morgen ist hier San Francisco / und an Stelle des Maulwurfshügels / steht morgen meine Bank.«

Zwangsläufig musste dieser fetzig-optimistische Song auch einem Besucher namens George W. Bush zu Ohren kommen. Bei seinem ersten Europa- und Polen-Aufenthalt im Jahr 2001 zitierte er die Brüder Golec als Verkörperung eines Amerikaner und Polen verbindenden Optimismus (wofür sich die Sänger überschwänglich bedankten). Nach den Gegendemonstrationen und Straßenschlachten zu Beginn seiner Reise in Westeuropa muss der Empfang in der neuen Warschauer Universitätsbibliothek für den Präsidenten wie Balsam gewesen sein. In diesem mit sichergestellten KP-Geldern gebauten, luftigen Gebäude mit Dachgarten, einem der schönsten neuen Bauwerke in Warschau, sang ihm ein Studentenchor a cappella die amerikanische Nationalhymne. Bush konnte seine Rührung kaum verbergen.

Zuvor hatte der Präsident ausgesprochen, warum die USA auf die Partnerschaft mit diesem Land solchen Wert legen: »Polen ist heute eine

Brücke für die neuen Demokratien in Europa.« Als beispielhafter Reformstaat ebenso wie als neues Nato-Mitglied spiele es »eine unglaublich wichtige Rolle« für die ganze Region. Bush beschwor die transatlantische Wertegemeinschaft, die nicht zerstört werden dürfe: »Amerika wird das nicht zulassen. Polen wird das nicht zulassen«, rief er aus. Und dann, frei nach John F. Kennedy: »Was können Amerika und Polen für den Rest der Welt tun? Das ist die Hauptfrage, nicht, was die Welt für uns tun kann.« Nach diesem Warmlaufen in Warschau reiste Bush nach Slowenien weiter, um erstmals den russischen Präsidenten Putin zu treffen.

Und warum liegt den Polen an dieser Partnerschaft? Der damalige Außenminister Władysław Bartoszewski, von Hause aus Historiker, musste nicht lange überlegen: »Polen ist seit der Zeit George Washingtons Verbündeter der Vereinigten Staaten. Denken Sie an General Kościuszko. Sein Denkmal steht als einziges vor der Militärakademie in Westpoint. Seitdem haben Polen und Amerikaner nie gegeneinander gekämpft. Und in der Geschichte Polens gab es – mit einer Ausnahme – keine programmatisch antiamerikanische Partei.« Von den Kabalen um den EU-Beitritt zermürbt, sagen viele Polen kurz und bündig, Amerika bringe ihrem Land Anerkennung und Respekt für das Geleistete entgegen, woran es die Europäer oft fehlen ließen.

Das alles war vor dem 11. September. Seit langem hatte sich eine immer engere Zusammenarbeit abgezeichnet. Seit Jahren absolvierten Berufssoldaten der polnischen Spezialeinheit GROM Ausbildungskurse mit ihren Kameraden in Amerika. Schon damals warnte Bartoszewski davor, die europäische und die transatlantische Verbindung gegeneinander auszuspielen: »Das ist kein Entweder-oder, ebenso wenig wie die Frage, wen das Kind mehr liebt, den Vater oder die Mutter!«

Dann kam der Terrorangriff auf New York. Ein Blumenmeer vor der amerikanischen Botschaft an der Ujazdowskie-Allee. Krieg in Afghanistan: Polen schickt dreihundert Mann, darunter GROM-Soldaten. Krieg im Irak: Polen schickt ein Kriegsschiff und zweihundert Mann Bodentruppen, wiederum die fast schon legendäre GROM. Washingtons Verteidigungsminister Rumsfeld adelt Polen, Tschechien und Ungarn mit der Bezeichnung »Neues Europa«. Dann steht die Nachkriegsmission im Irak an. Jetzt geht Polen an die Grenze des Möglichen. Während 1800 Soldaten schon in anderen Friedensmissionen gebunden sind, vor allem auf dem Balkan und im Nahen Osten, schickt Warschau noch einmal 2400 Mann. Gut, dass Washington zwei Drittel der Kosten trägt – für die polnische Armee ist es ohnehin der heikelste Einsatz seit Jahrzehnten, und die Bevölkerung daheim ist mehrheitlich dagegen.

Doch protestiert wird nicht. Denn an der Weichsel lebt noch immer, vielleicht mehr als irgendwo sonst in Europa, der amerikanische Traum, und gegen Träume ist kein Kraut gewachsen. Der Traum von der Freiheit des Einzelnen, vom Pursuit of Happiness, vom Selfmademan, der sich sein eigenes San Francisco baut, zumindest sein Grundstück zu einem Land der unbegrenzten Möglichkeiten macht. Nationale Identität und Westbindung konnten hier nie in Gegensatz zueinander geraten, weil mit der eigenen Identität immer auch die Freiheit verteidigt werden musste, jene Freiheit, die ungeteilt nur von Amerika verkörpert wird.

Und der amerikanische Way of Life? Amerikanische Dynamik, Flexibilität, zupackender Optimismus? Ein Traum hat das Recht, Traum zu bleiben. Nehmen wir es also nicht allzu genau. Das polnische Sozialsystem krankt an derselben kostspieligen Verknöcherung wie die Systeme in vielen Ländern Westeuropas. Die Jammerkultur Polens steht derjenigen Deutschlands in nichts nach. Allenfalls die Flexibilität des Einzelnen ist amerikanisch, die Bereitschaft zur Selbstausbeutung für das *biznes*. Sicher auch der Patriotismus und das höchst liberale Ladenschlussgesetz. Und natürlich die Fastfood-Kultur: Der »Stein«, der von einem gewissen Karol Stein erstellte Warschauer Restaurantführer, verzeichnet in dieser Stadt acht Kentucky Fried Chicken, je sieben Burger King und Dunkin' Donuts und 27 McDonald's, die meisten davon Drive-in-Restaurants. Kein Zweifel also: Warschau liegt in Europa, liegt ebenso im Osten, liegt jedoch auch ein wenig in Amerika.

Zweierlei Untergang

Eine Stadt im Krieg

»›*Für alle, die in dieser Nacht ums Leben kommen werden, und für alle Verstorbenen: Vater unser … im Himmel … Dein … Dein … Dein … Erden …*‹

Krachen, die Wände flattern.

›*Und vergib uns unsere Schuld, wie auch wir vergeben unseren Schuldigern.*‹

Diese Wirklichkeit – so jämmerlich – es qualmt – die Augen muss man ständig im Kragen verstecken – oder mit den Händen zudrücken – Staub, Schutt, grau, rot, trocken und heiß in der Nase, an den Zähnen und auf der Zunge, wir atmen das, Hitze, alles beißt, Schwitzen …«

Als Miron Białoszewski, nach dem Krieg einer der wichtigsten polnischen Lyriker, diese Szenen in seiner Geburtsstadt Warschau erlebte, war er erst 22 Jahre alt. Nein, das wäre eine Verkürzung: Er war erst 17, dann 18, 19, 20, 21, schließlich 22. Den Endpunkt seiner Erlebnisse bildete der Aufstand gegen die Deutschen, der vom 1. August bis zum 2. Oktober 1944 dauerte. Białoszewski war nicht unter den zwanzigtausend Soldaten der Armia Krajowa, der Heimatarmee, die in der Stadt kämpften. Er blieb einer von Hunderttausenden Zivilisten. Sein vor einigen Jahren ins Deutsche übersetztes »Tagebuch aus dem Warschauer Aufstand« ist der wohl bekannteste Bericht darüber. Zugleich ist es eines der bewegendsten literarischen Zeugnisse von Bombenkrieg und Häuserkampf, Tod und Überleben in einer europäischen Großstadt.

Überleben? Für viele war es, wie Białoszewski beim Anblick der Verwundeten in einem Warschauer Kellerlazarett schreibt, nur noch ein »Leben bei lebendigem Leibe«. Es war, zwei Monate lang, ein Kriechen von Keller zu Keller, ein gebücktes Rennen von Barrikade zu Barrikade, am Ende die Flucht durch die Abwasserkanäle in den nächsten, noch von der Heimatarmee verteidigten Stadtteil. Die Wehrmacht und die SS schossen aus dem benachbarten Häuserviertel, aus der Luft, aus einem Panzerzug, sogar ein Kanonenboot war auf der Weichsel im Einsatz. Wenn das charakteristische »Wiuuuuu« der fallenden Bomben zu Ende und die tödliche Fracht eingeschlagen war, begann für die Menschen in den Kellern das Zählen bis zur Explosion. Meist krachte es bei acht oder neun. Dann flatterten die Wände, und es rieselte von der Decke in den Suppenteller.

Begonnen hatte alles im September 1939. Wer glaubt, es sei über diese Zeit alles bekannt, täuscht sich: Der Bombenkrieg etwa begann – das wussten bis vor kurzem auch die meisten Polen nicht – schon im Morgengrauen des 1. Septembers. Deutsche Bomberverbände überflogen die Grenze. Vermutlich um einen neuen Sturzkampfbomber zu erproben, legten sie die militärisch bedeutungslose westpolnische Kleinstadt Wieluń in Schutt und Asche und ließen etwa 1200 Tote zurück. Dann war Warschau an der Reihe. Am

28. September kapitulierte die Hauptstadt. (Goebbels ließ über die Bombardierung den Film »Feuertaufe« drehen, der allerdings so mitleid- und furchterregend war, dass die deutschen Behörden ihn schnell wieder aus den Kinos nahmen.)

Die polnische Regierung hatte sich vor der Einnahme Warschaus nach Südosten abgesetzt und floh über die damalige polnisch-rumänische Grenze. Frankreich und Großbritannien erfüllten ihre vertragliche Beistandspflicht gegenüber Polen nur in symbolischer Form. Die Sowjets dagegen hielten sich an ihren mit Hitler geschlossenen Pakt: Sie marschierten am 17. September in die damaligen polnischen Ostgebiete und annektierten sie. Selten war Polen so einsam wie in diesen Tagen.

Für die Hauptstadt folgten mehr als fünf Jahre unter deutscher Besatzung; aus dem Kernland der Republik Polen war das »Generalgouvernement« geworden. Für Polen war das kein Krieg wie jeder andere. Bogdan Musiał, der Warschauer Historiker, der durch seine Kritik an den falschen Bildunterschriften der deutschen Wehrmachtsausstellung bekannt wurde, führt das mit einem Vergleich vor Augen: »Die Bevölkerungsverluste der Stadt Warschau durch Kampfhandlungen, Besatzungsterror und Holocaust entsprachen etwa den Verlusten von ganz Frankreich.« 1,3 Millionen Einwohner hatte die Stadt vor dem Krieg, darunter jeweils einige Tausend Deutsche und Russen und 380.000 Juden. Eine im Ogród Saski (Sächsischer Garten) in den Boden eingelassene Tafel spricht von insgesamt achthunderttausend Warschauern, die den Krieg nicht überlebten. Wenn polnische Historiker nachrechnen, kommen sie mitunter auch auf »nur« 650.000. Ist das überhaupt genau zu ermitteln? »Haben Sie keine einfacheren Fragen?«, gibt der Warschauer Historiker Andrzej Krzysztof Kunert zurück. Er erinnert daran, dass viele Angaben über verschiedene Opfergruppen aus der Zeit des Weltkriegs später nach unten korrigiert werden mussten. Vielleicht kommen noch einige Debatten auf uns zu. Am Gesamtbild werden sie wohl wenig ändern.

Zweierlei Untergang hat diese Stadt erlebt. Der erste nahm Gestalt an, als die Besatzer im Oktober 1940 das Ghetto einrichteten. Es begann im Zentrum, fast genau an jener Verkehrsader, die, da sie zu jüdischen Vierteln führte, bis heute Aleje Jerozolimskie heißt, Jerusalemer Allee. Genauer gesagt: Die Ghettomauer verlief auf der Höhe der Sienna-Straße und des heutigen Kulturpalasts. Von dort zog sich der Bezirk, in den die Juden gepfercht wurden, fast drei Kilometer nach Nordwesten, zur Straße Stawki und zum »Umschlagplatz«. Dort, im Nordwesten, hatten schon vor dem Krieg die armen Juden gewohnt, und dort waren in der Ghettozeit die Lebensbedingungen besonders schlimm.

Wer sich heute auf die Suche macht nach den steinernen Zeugnissen dieser Zeit, wird nicht viel finden. Der kürzlich erschienene, geradezu enzyklopädisch angelegte »Führer durch eine nicht existierende Stadt« verzeichnet auf einer Karte sämtliche Gebäude, die auf den zuletzt 1,8 Quadratkilometern des Ghettos erhalten geblieben sind: Sie lassen sich an den Fingern einer Hand abzählen. Selbst von der Ghettomauer ist nur ein kleines Stück in einem Hinterhof (Złota-Straße 62) geblieben. In der Sienna-Straße sind erstaunlicherweise mehrere Häuser erhalten. Vielleicht war in einem von ihnen während des Krieges das von Intellektuellen, darunter dem Pianisten Władysław Szpilman, besuchte Café: »Dort lernte ich Menschen kennen, mit denen ich später sowohl angenehme als auch die furchtbarsten Augenblicke verbringen sollte«, schreibt Szpilman in seinen Erinnerungen. Einer von ihnen war der Pädagoge und Schriftsteller Janusz Korczak.

An der Chłodna-Straße weiter nördlich erinnert nur ein Stumpf im Straßenpflaster daran, dass hier einst der bekannteste »Verkehrsknotenpunkt« des Ghettos war. Zeitweise war der Bezirk in ein »kleines« und ein »großes« Ghetto gegliedert, die nur durch eine Fußgängerbrücke verbunden waren; diese überspannte, um den Verkehr im »arischen« Teil der Stadt nicht zu behindern, die Chłodna-Straße. In Sichtweite der Brücke, nur wenige Schritte entfernt, wohnte damals Marceli Reich, der spätere Literaturkritiker Marcel Reich-Ranicki. Der Stumpf im Pflaster war einst ein Brückenpfeiler.

Erst weiter im Norden stehen die Denkmäler für die Opfer des Holocaust. Am »Umschlagplatz« wurden die Juden von Juli 1942 an in die Züge zu den Vernichtungslagern gezwängt. Der deutsche Name ist bis heute der gebräuchliche; gegenwärtig befindet sich ein Schulhof auf dem Gelände. Hier ging Korczak mit den von ihm betreuten Kindern freiwillig zum Abtransport in den Tod. Hier konnte Szpilman sich retten und seine Odyssee durch Warschau antreten, die in der Begegnung mit dem hilfreichen deutschen Offizier Wilm Hosenfeld ihr glückliches Ende finden sollte. Allerdings ist bezweifelt worden, ob die Version in Szpilmans Erinnerungen glaubwürdig ist, wonach der Pianist von ihm unbekannten Ghettopolizisten am »Umschlagplatz« spontan aus der Menschenmenge herausgerissen wurde. Roman Polanski hat die Szene in seiner Verfilmung denn auch etwas anders dargestellt: Szpilman und sein Retter am »Umschlagplatz« waren sich bereits früher begegnet.

Am Eingang zum »Umschlagplatz« wurde 1988 ein offener Gedenkraum aus weißem und schwarzem Marmor errichtet. Mehr als fünfhundert Vornamen erinnern symbolisch an die nie gezählten Menschen, die von hier in den Tod gingen. Nicht weit davon, in der Grünanlage an der Zamenhofa-Straße, das wohl berühmteste, schon 1948 errichtete Warschauer Mahnmal, das »Denkmal der Helden des Ghettos«. Die in einen steinernen Rahmen gefasste Figurengruppe, kämpfende, teilweise nackte Menschen, erinnert an den Ghettoaufstand. Dieser verzweifelte Versuch, angesichts der begonnenen Deportationen den Besatzern wenigstens ein würdiges Sterben abzuringen, endete am 8. Mai 1943 mit dem Selbstmord der meisten Aufstandsführer im Bunker in der benachbarten Miła-Straße. Nur einer von ihnen lebt heute noch: Marek Edelman, der längst in Rente gegangene Kardiologe, der jedoch noch immer zu politischen Fragen seine Stimme erhebt und in Polen als nationale Autorität gilt.

Hier, in diesem unnatürlich rechteckigen Park, wo das Ghettodenkmal steht und neuerdings ein kleines Relief an Willy Brandts Kniefall erinnert, soll gebaut werden. Hier soll, gegenüber dem Denkmal, das »Museum der Geschichte der polnischen Juden« entstehen. Es wird an sieben Jahrhunderte polnisch-jüdischer Geschichte erinnern und daran, dass Polen lange als »Paradies der Juden« galt – deshalb hatten sich hier so viele angesiedelt. Seit Mitte der neunziger Jahre arbeiten die Organisatoren in Warschau mit langem Atem an ihrem Projekt. Sie haben sich das ehrgeizige Ziel gesetzt, in Polen, Amerika und der ganzen Welt 63 Millionen Dollar zusammenzubringen und ein multimediales, »narratives« Museum zu schaffen, das diesem Ort jüdischen Lebens angemessen sein soll. Wenn dieses Ziel erreicht ist, wird das Haus der aufwändigste Museumsneubau in Polen seit 1989 sein.

Hier wird jene Welt aufgehoben sein, die schon vor Jahrzehnten Isaac Bashevis Singer aus eigenem Erleben beschrieben hat (»Eine Kindheit in Warschau«, »Als Schlemihl nach Warschau ging«, »Die Familie Moschkat«). Oder kürzlich die bis dahin völlig unbekannte Autorin Joanna Olczak-Ronikier. Die kurz vor dem Krieg geborene Warschauerin veröffentlichte im Jahr 2002 die Saga ihrer Familie (»Im Garten der Erinnerung«) und gewann den wohl wichtigsten polnischen Literaturpreis, den jeden Herbst mit viel Wirbel verliehenen, hoch dotierten NIKE-Preis. Übersetzungen des Buches sind in Vorbereitung. Ein Album mit Fotos und Faksimiles, in dem nichts erfunden ist: 150 Jahre im Leben einer Warschauer jüdischen Familie, die Verwandtschaft hat quer über den Kontinent, die sich assimiliert, die in Polen Kaufleute, Verleger und Revolutionäre stellt, deren Nachfahren heute in New York und Moskau leben – und natürlich oder vielmehr: wie durch ein Wunder auch in Warschau.

Die Juden, die in Warschau eines natürlichen Todes sterben, werden seit zwei Jahrhunderten auf dem großen Friedhof an der Okopowa-Straße mit seinen wunderschönen Familiengräbern beigesetzt. Nur eine Mauer trennt diesen vom Powązki-Friedhof, dem wichtigsten katholischen Friedhof der Stadt, auf dem ganze Generationen polnischer Aufständischer und viele bedeutende Persönlichkeiten begraben sind. An Allerheiligen ist ganz Polen auf seinen Friedhöfen; Sonderbusse werden eingesetzt, Polizisten und Pfadfinder in grauen Uniformen regeln den Verkehr. Dann sieht man einen Strom von Menschen zum Powązki-Friedhof fluten und, obwohl kein jüdischer Feiertag ist, kleine Grüppchen auch zur Okopowa-Straße streben. Das ganze Land ist in Kerzenrauch gehüllt.

Als das Ghetto vernichtet, seine Häuser gesprengt waren, war das Leiden dieser Stadt nicht zu Ende. Der zweite Untergang stand bevor. Die Hölle dauerte fort, doch das »Leben bei lebendigem Leibe« ging noch ein Jahr lang weiter. Auch in der Hölle müsse man »so lange wie möglich seinen Weg gehen«, sagt Irma Seidenman, die Titelfigur des Buches »Die schöne Frau Seidenman«. Die Jüdin überlebt den Krieg in Warschau mit gefälschten polnischen Papieren. Der inzwischen verstorbene Andrzej Szczypiorski erzielte mit diesem Werk den wohl größten Erfolg, der in den letzten Jahrzehnten einem polnischen Roman im deutschen Sprachraum vergönnt war. Er hat darin auch dem alten Warschau ein Denkmal gesetzt, etwa dem Sächsischen Garten, in dem »junge Diplomaten aus dem Brühlschen Palais, Kokotten und Frömmlerinnen, Arbeitslose und Reiche, Juden, Deutsche, Ukrainer, französische Erzieher aus den alten Gutshöfen, weißgardistische Flüchtlinge« einander beim Flanieren begegneten.

Ein Jahr nach der Zerstörung des Ghettos war die sowjetische Front nicht mehr weit. Die Heimatarmee, mit zeitweise vierhunderttausend Angehörigen die größte Widerstandsbewegung im besetzten Europa, wollte jetzt den geschwächten Deutschen ebenso wie den anrückenden Sowjets ein Signal der Selbstbehauptung senden. Am 1. August 1944 wurde zurückgeschossen. Zwei Monate wurde in der Stadt gekämpft, die Aufständischen hielten mehrere Stadtteile einschließlich der Altstadt; die Amerikaner boten Unterstützungsflüge an, doch die Sowjets verweigerten das Landerecht auf ihren Flughäfen. Stalin hatte kein Interesse daran, dass die Polen sich selbst befreiten. So siegten – ein letztes Mal – die Deutschen. Noch einmal kamen schätzungsweise 150.000 bis 180.000 Warschauer, die große Mehrheit nicht kämpfende Zivilisten, ums Leben. Himmler befahl schon zu Beginn des Aufstands, Soldaten und

Zivilisten »ohne Unterschied niederzumachen« und die Stadt »dem Erdboden gleichzumachen«. Allzu oft wurden diese Befehle befolgt.

Ihre furchtbaren Auswirkungen haben zu einer immer noch nicht abgeschlossenen Diskussion darüber beigetragen, ob es vernünftig war, den Aufstand zu beginnen. Wie oft haben die Polen solche Debatten geführt! Der einzige Aufstand, den man als Erfolg sehen konnte, war der großpolnische von 1918/19, mit dem die Deutschen aus der Region Großpolen um Posen (Poznań) verdrängt werden konnten. In den anderen Fällen blieb den Überlebenden nichts weiter übrig, als »gloria victis« zu seufzen: Ruhm den Besiegten. Auch nach dem verlustreichen Warschauer Aufstand. Kein Ereignis der polnischen Geschichte im 20. Jahrhundert ist derart mit Deutungen und Bedeutungen überfrachtet worden wie dieses.

Fünf Jahre nach Kriegsende, schreibt Białoszewski, hing in Warschau immer noch der Brandgeruch in der Luft, acht Jahre danach war er immer noch zu spüren. Heute gibt es keine andere Großstadt in Europa, die so dicht besät ist mit Gedenksteinen und Denkmälern für die Opfer dieser Zeit. Neuerdings planen die Stadtväter auch ein Museum, das zum sechzigsten Jahrestag des Warschauer Aufstands eröffnet werden soll. Beeindruckende Denkmäler für die Opfer sind auch eine Reihe von Filmen, von Andrzej Wajdas »Kanal« bis zu Roman Polanskis » Der Pianist«. Letzteren empfinden die Kulturpolitiker in Warschau aufgrund seiner Reichweite als idealen Vermittler eines neuen polnischen Geschichtsbilds. Er belebt nicht die althergebrachte »Konkurrenz der Opfer« zwischen Polen und Juden, sondern würdigt beide Aufstände, die der Held des Films nacheinander erlebt, gleichermaßen.

Und das Gesicht der Stadt? Im Krieg hatte ein deutscher Oberbaurat zusammen mit einem Berliner Architektenbüro einen Plan für den »neuen Schlossplatz« in Warschau gezeichnet. Ein Abklatsch der für die Reichshauptstadt geplanten, von einer gigantischen Kuppel gekrönten Halle sollte das Königsschloss ersetzen. Zur Ausführung kam es nicht, wohl aber, nach dem Warschauer Aufstand, zur Sprengung des Schlosses. Erst 1971 wurde mit dem Wiederaufbau begonnen, dessen Fertigstellung bis 1988 dauerte. Die Altstadt wurde schon früher weitgehend detailgetreu wiederhergestellt. Aus dem westlichen Ausland kam Kritik: Was zerstört sei, könne man doch nach allen denkmalpflegerischen Kriterien nicht einfach neu hochziehen! Polens Generalkonservator Jan Zachwatowicz entgegnete, auch der Campanile von Venedig sei nach dem Erdbeben von 1904 neu errichtet worden. Eine Katastrophe verlange eine Ausnahme von der Regel und hier gehe es darum, »der Gesellschaft wenigstens ein Bild der zerstörten Kulturgüter zu überliefern«. Professor Zachwatowicz widersetzte sich auch der stalinistischen Schnapsidee, den rechteckigen *rynek* (Marktplatz) in der Altstadt beim Wiederaufbau der Bürgerhäuser nach Osten hin offen zu lassen. Und er sorgte dafür, dass es in der Altstadt heute anständige Wohnungen, Post, Apotheke und Lebensmittelläden gibt.

Die Bausubstanz der Stadt, heißt es, war zu neunzig Prozent zerstört. Ist es möglich und hat es Sinn, all diese Opfer – an Menschenleben, an Häusern, an Regalkilometern von Kulturgütern – mit einer Chiffre im Dezimalsystem zu erfassen? Viel stärker ist das Bild zweier Gefäße, in denen der doppelte Untergang Warschaus aufgehoben ist: die rostige Milchkanne, in der das heimlich im Ghetto geführte Ringelblum-Archiv den Krieg überlebte, und die Urne mit der Asche von Archivalien, welche die deutschen Truppen Ende 1944 in Brand steckten. Die Milchkanne steht heute im Jüdischen Historischen Institut, die Urne im Palais Krasiński, der heutigen Nationalbibliothek.

»Wie zahnlos dieser Terror doch ist!«

Zu Besuch bei Pater Popiełuszko

Es war Mitte der achtziger Jahre. Ein feucht-finsterer Abend im Oktober, die Straßen voller Laub. Unsere Reisegruppe war bereit, im Schutz der Dunkelheit ein kleines Risiko einzugehen. Wir fuhren mit unserem Minibus mit deutschem Kennzeichen zu einer Kirche im Norden von Warschau. Ein ruhiges Viertel, weiträumig bebaut, gleich neben dem Gotteshaus ein Park. Die Kirche war überfüllt und um sie herum standen im Schutz der Dunkelheit, zwischen Lautsprechermasten und Transparenten, Menschen über Menschen, vielleicht zehn-, vielleicht zwanzigtausend.

Wir waren Teilnehmer einer »Heiligen Messe für das Vaterland«. Das Datum war bedeutsam: Vor genau einem Jahr war der Priester Jerzy Popiełuszko ermordet worden. Der oppositionelle Geistliche hatte in dieser Gemeinde gewirkt, seine »Messen für das Vaterland« waren damals die größten regimekritischen Kundgebungen in der Stadt. In den Mauern der Kirche und auch um sie herum verlor das amtliche Versammlungsverbot seine Kraft; hier galt vielmehr das Bibelwort »Überwinde das Böse mit Gutem«, ausgelegt von einem wortmächtigen, außerdem noch gut aussehenden jungen Geistlichen, eben von Popiełuszko. Dann, am 19. Oktober 1984, wurde er von Mitarbeitern der Staatssicherheit entführt, ermordet und sein Leichnam, mit Steinen beschwert, in die Weichsel geworfen. Da sein Fahrer kurz nach der Entführung fliehen konnte – er sprang aus dem fahrenden Wagen –, kam die Wahrheit schnell ans Licht. Die Trauer, die verhaltene Wut über den Priestermord waren an diesem Abend in der Menschenmenge mit Händen zu greifen.

Zu viel wollten wir allerdings nicht riskieren. Noch vor Ende des Gottesdienstes suchten wir das Weite. Die Miliz, wie die Polizei sich damals nannte, hatte sich zunächst noch in den Seitenstraßen versteckt gehalten, dann rückte sie mit ihren Gummiknüppeln vor. Es kam zu schlimmen Prügelszenen und Festnahmen. Am Tag nach der Schlacht schritt ich mit einer in der Nähe wohnenden Bekannten, ich nannte sie Tante Hanka, noch einmal das Gelände ab. Nach dem Besuch in der mit Blumensträußen gefüllten Kirche wischte sie sich eine Träne aus dem Auge. Sie verharrte einen Moment. Dann warf sie den Kopf zurück und sagte mit stechendem Blick: »Da siehst du, wie zahnlos dieser Terror doch ist.«

Die Szenen am Grab des Märtyrers Popiełuszko sagen viel über die Rolle der katholischen Kirche im Land. In Bedrängnis war sie oft der einzige Zufluchtsort und damit auch Bewahrerin der nationalen Identität. Das galt auf dem Dorf ebenso wie in den sozialistischen Plattenbausiedlungen, in denen es den Gläubigen früher oder später zumeist doch gelang, den Bau eines Gotteshauses durchzusetzen. Das galt erst recht für Częstochowa (Tschenstochau), den wichtigsten Wallfahrtsort des Landes, wo Karol Wojtyła, damals schon Papst Johannes Paul II., bei einem seiner Besuche ausrief: »Hier waren wir immer frei.«

Als das Land 1655 die so genannte Sintflut erlebte, die Überschwemmung durch schwedische Heere, war der Helle Berg in Tschenstochau im Südwesten des Landes Schauplatz eines der wichtigsten Ereignisse der polnischen Kirchengeschichte. Die Schweden besetzten Warschau und Krakau und belagerten das Kloster vierzig Tage lang, doch die Verteidiger hielten stand. Nun wendete sich das Kriegsglück. König Jan Kazimierz erklärte 1656 die Mutter Gottes zur »Königin Polens«. Die Marien-Ikone auf dem Hellen Berg, auf der das traurige, dunkle Antlitz auf der rechten Wange zwei (angeblich 1430 von Hussiten zugefügte) Schrammen trägt, wurde zum beliebtesten Marienbild Polens. Das ist es bis heute geblieben. Jedes Jahr im August machen sich Zehntausende von Gläubigen aus allen Landesteilen zu Fuß auf den Weg, um die »schwarze Madonna« aufzusuchen.

Die Kriege des 17. Jahrhunderts waren freilich nur Episoden gegenüber dem finsteren 19. Jahrhundert. Im deutschen Teilungsgebiet ging es zu Bismarcks Zeiten nicht nur um die Zurückdrängung polnischer Grundbesitzer, auch die Kirche war »Feind des Reiches«. Der Kulturkampf gegen die Katholiken, schrieb der preußisch-protestantische Kanzler in seinen »Gedanken und Erinnerungen«, »war für mich überwiegend bestimmt durch seine polnische Seite«. Zwangsläufig erwiderten die slawischen Bürger Preußens, Pole sein bedeute Katholik sein. Ebenso waren die orthodoxen Russen in Mittel- und Ostpolen eine konfessionell fremde Besatzungsmacht. Nur mit den Österreichern im Süden ließ es sich halbwegs leben, nicht nur aus konfessionellen Gründen.

Dann kam das Unheil des 20. Jahrhunderts. Mehr als zweitausend katholische Geistliche kamen durch den NS-Besatzungsterror ums Leben. Weniger bekannt, weil lange totgeschwiegen, waren die Opfer, welche die Kirche im sowjetisch besetzten Ostpolen erbringen musste. Einer der Helden dieser Zeit war der Pfarrer Tadeusz Fedorowicz, der spätere Beichtvater und Freund Karol Wojtyłas. Als die Sowjets begannen, Hunderttausende von Polen in die Tiefe Russlands zu deportieren, meldete er sich freiwillig und mit Wissen seiner Vorgesetzten zum Abtransport. Er wollte seine Gemeinde nicht im Stich lassen – wie Janusz Korczak, der die von ihm betreuten Kinder im Ghetto bis zum letzten Augenblick begleitete.

Pfarrer Fedorowicz hat auch im Verborgenen den Dienst des Seelsorgers geleistet. 1940 kamen er und seine Landsleute in ein Arbeitslager am Ural, drei Jahre später landete er in einem Gefängnis in Kasachstan. Fedorowicz überlebte. Nachdem Stalin die Aufstellung einer Armee aus polnischen Internierten befohlen hatte, konnte Fedorowicz, körperlich ausgezehrt, gegen Ende des Krieges als Militärseelsorger nach Polen zurückkehren. Dort begründete er die Blindenseelsorge und lebte bis vor kurzem im katholischen Blindenheim in Laski westlich von Warschau. Zugleich organisierte er christliche Wandergruppen, die ihre Reisen als Familienausflüge tarnten und den Pfarrer daher stets als »Onkel« anredeten, selbst als diese Wanderbewegung bereits auf mehrere hundert Menschen angewachsen war. Fast bis zu seinem Tod im Jahr 2002 reiste Fedorowicz auch regelmäßig nach Rom; ein junger Warschauer Historiker chauffierte ihn in seinem alten Mercedes dorthin, damit er dem Papst die Beichte abnehmen konnte. Was Johannes Paul II. ihm an Sünden anvertraut hat, werden wir nie erfahren; auf jeden Fall hat der Papst, wie er sagte, »aus seiner priesterlichen Weisheit oft Nutzen gezogen«.

Pfarrer Fedorowicz in Laski war einer von jenen, in deren schützendem Schatten ein Karol Wojtyła aufwachsen konnte. Wie wäre die Geschichte der polnischen Kirche, nein, Polens überhaupt, verlaufen ohne diesen Papst? Neunmal hat Johannes Paul II. sein Vaterland besucht, aus dem er so viel mitgenommen hat, nicht nur den Glauben und den Mut. Den Sinn für Kunst und Theatralik ebenso wie die ungekünstelte Herzlichkeit. Die Naturverbundenheit ebenso wie den Humor, der aufblitzte, wenn er einen polnischen Besucher im Vatikan mit den Worten verabschiedete: »Ich muss jetzt wieder ein bisschen papsten.«

Und was hat er seinem Land gegeben? Man kann es kaum ermessen, allenfalls die Stationen seines Wirkens nachzeichnen. Ein Jahr nach seiner Wahl fuhr er erstmals triumphal durch Polen, in einem kastenförmigen Prototyp von Papamobil, der heute am Ort seiner Entstehung, in Starachowice, im Museum steht. Der Warschauer Schriftsteller Kazimierz Brandys hat die Stimmung auf den Plätzen der Stadt am Vorabend des Papstbesuchs festgehalten: »eine Atmosphäre von Ernst und Freiheit und vor allem von innerer Verbundenheit der Menschen untereinander«. Ohne Befehl, ohne steuernde Hand strömten die Warschauer auf die Straße, bestaunten den bereits aufgebauten riesigen Altar auf dem heutigen Piłsudski-Platz, dem damaligen Platz des Sieges. Das Volk kam, sah »und lieferte durch sein Kommen den Beweis der eigenen Existenz«.

Als Botschafter jener Hälfte Europas, die auf der Schattenseite der Geschichte lebte, war Wojtyła 1978 ausgezogen, um von Rom aus an das Recht und die Pflicht des Menschen zur Freiheit zu erinnern, auch wenn damit vor allem die innere Freiheit gemeint war. Im Gewand des Papstes kam er jetzt zurück und sprach in Warschau in Anlehnung an den 104. Psalm die Sätze, die seinen Landsleuten wohl am stärksten in Erinnerung geblieben sind: »Dein Geist möge kommen und das Antlitz der Erde, dieser Erde erneuern.« Ein Jahr später begann die politische Erneuerung: Die Solidarność-Bewegung entstand, das Ende der Diktatur war eingeläutet. Doch die ersten drei Besuche des Papstes (1979, 1983 und 1987) waren für alle Beteiligten eine Gratwanderung: Noch herrschten die Kommunisten.

Die nächsten drei Besuche (1991, nochmals 1991 zum Weltjugendtreffen und 1995) waren geprägt von der Suche der polnischen Kirche nach einem neuen Ort in der Gesellschaft und von scharfer Kritik des Papstes an Konsumdenken und Abtreibung. Worte, die auch in Polen auf ein geteiltes Echo stießen. Bei den Besuchen zum Internationalen Eucharistischen Kongress 1997 und dann 1999 setzte der Papst ökumenische Akzente und wies auch politisch einen neuen Weg: Er warb für die europäische Integration. Die Pilgerfahrt von 1999 war seine längste Polenreise: In 13 Tagen besuchte er 23 Orte. Zwar hielt Johannes Paul II. tapfer durch, doch in Warschau stürzte er. Mehrere Termine wurden abgesagt. Doch bald raffte er sich wieder auf.

Dann, im August 2002, der Besuch, von dem viele glaubten und fürchteten, er werde der letzte sein. Eine Reise voller privater Akzente: Treffen mit den Kameraden der Abiturklasse, beten am Grab der Eltern, Begegnung mit seinen »Nachmietern«, einer arbeitslosen, allein erziehenden Mutter und ihren Kindern, vor dem Haus in Krakau. »Gott ist reich an Barmherzigkeit«, lautete das Motto dieser Pilgerfahrt. Die Politik, den EU-Beitritt sprach der Papst kaum noch an; er hatte dazu alles gesagt. Dafür jedoch die Not und die Arbeitslosigkeit, die mit achtzehn Prozent einen Rekordstand erreicht hatte. Zwei Millionen Gläubige zog der Gast aus Rom bei seiner Messe nach Krakau, die größte Versammlung in der Geschichte Polens.

Was wird aus seiner Kirche werden? Sie hat dem Terror immer wieder die Zähne ausgebrochen, Schutz geboten, und diese Rolle war eine Gewähr dafür, dass sich die Gläubigen um sie scharten. Doch als die Kirche Anfang der neunziger Jahre versuchte, Einfluss auf die Politik zu nehmen, war die Mehrheit der Gläubigen sehr skeptisch. Zwar hat die Kirche erfolgreich darauf hingewirkt, dass ein strenges Abtreibungsverbot eingeführt wurde, doch in der Bevölkerung ist es umstritten; viele Ärzte halten sich einfach nicht daran, und die Justiz, die genug anderes zu tun hat, verhält sich passiv. Die Ladenöffnung am Sonntag ist auch nicht gerade das, was man sich unter einer kirchenfreundlichen Regelung vorstellt.

Doch noch immer sind neunzig Prozent der Polen getaufte Katholiken, knapp zwei Prozent gehören anderen Kirchen an. Die Alltagskultur und der Feiertagskalender sind christlich geprägt. Auch die neue Verfassung von 1997 nimmt darauf Bezug, ohne die Nichtchristen auszugrenzen. Ihre in Europa einmalige Präambel wurde in der Debatte über die europäische Verfassung vielfach als Vorbild diskutiert: »Wir, das polnische Volk – alle Bürger der Republik, sowohl diejenigen, die an Gott als Quell der Wahrheit, Gerechtigkeit, des Guten und Schönen glauben, als auch diejenigen, die diesen Glauben nicht teilen und diese universalen Werte aus anderen Quellen herleiten, ... geben die Verfassung der Republik Polen.«

Wie eine sterbende Institution sieht sie nicht aus, die polnische Kirche. Die Gotteshäuser sind immer noch gut besucht, an Priesternachwuchs mangelt es nicht, man schickt sogar Geistliche ins Ausland. Und die Ziele im Inland sind hoch gesteckt: Fast siebenhundert neue Kirchen sind heute im Bau, keine Kleinigkeit für eine Institution, die sich nach wie vor fast ausschließlich selbst finanzieren muss – direkt durch die Gläubigen.

Zwar ist die materielle Hilfe aus dem Westen

zum Erliegen gekommen, sagt Pfarrer Jan Drob, der seit kurzem amtierende erste »Ökonom des polnischen Episkopats«. Polens Kirche leistet, vor allem in den östlichen Nachbarländern, heute selbst Entwicklungshilfe. Doch auch in Polen wird die Caritas an vielen Orten noch dringend gebraucht. Das Motto für die Mildtätigkeit hat ein Mann geschrieben, der hinter hohen Klostermauern im Herzen Warschaus wohnt, neben dem Hotel Bristol, wo die Reichsten der Reichen absteigen. Jeden Sonntag früh um neun feiert er in der barocken, in dreihundert Jahren unzerstört gebliebenen Visitantinnen-Kirche nuschelnd die Messe. Doch das ganze Land kennt ihn, den 1915 geborenen Pfarrer Jan Twardowski, als Lyriker. Sein bekanntester Vers, der tausend Plakate ziert, lautet:

Beeilen wir uns, die Menschen zu lieben.
Sie schwinden so schnell dahin.

Chopin, Piłsudski und Reich-Ranicki

Der Königsweg – ein Spaziergang mit Seitenblicken

Hat die polnische Hauptstadt eine Achse, eine schnurgerade geplante und in einem Stil erbaute Hauptstraße? Eine Champs-Élysées, einen Newskij Prospekt? Nicht wirklich. Die meisten großen Straßen ziehen sich wie leicht geschwungene Rippen durch die Stadt; die Baugeschichte hat Einheitlichkeit nicht zugelassen. Doch Warschau hat eine Perlenkette, an der alles Wichtige aufgefädelt ist: den Trakt królewski, für den sich der deutsche Name »Königsweg« eingebürgert hat. Als der Hof 1596 von Krakau in die neue Hauptstadt umzog oder wenn später die Könige sich von hier in die Sommerresidenz Wilanów begaben, nahmen sie diesen Weg.

Wer auf der Höhe der Gagarin-Straße beginnt und gut zu Fuß ist, kann den in jedem Reiseführer beschriebenen Königsweg spazierend bewältigen. Wir beginnen ihn an der Kreuzung, an der, vorgeschoben wie ein Beobachtungsturm, ein grauer Keil aus dem Boden wächst: das Hotel Hyatt Regency. Eines von fünf großen Luxushotels, deren Bau in den Jahren vor dem EU-Beitritt begonnen wurde. Von den Hotelzimmern sind abends nie mehr als drei erleuchtet. Man fragt sich, ob den die Stadt heimsuchenden Hotelplanern bewusst war, dass Warschau schon vor ihrer Ankunft über fünf Luxushotels verfügte.

Von hier, vom Niveau der Weichselniederung, führt die Straße sodann sprunghaft hinauf auf die Anhöhe, auf der sich die Altstadt und der größte Teil der Innenstadt befinden. Zunächst säumen den Weg zwei Palais, die sich mit ihren Portici nicht unähnlich sind, die man jedoch tunlichst nicht verwechseln sollte: linkerhand die frühere sowjetische und heutige russische Botschaft, rechterhand das Belweder (Belvedère), in welchem mehrere polnische Staatsführer residierten, zuletzt Präsident Lech Wałęsa. Lassen wir dahingestellt sein, warum ersteres Gebäude größer und wuchtiger ist und letzteres schöner und schmucker. Im Belweder wohnte der 1935 verstorbene Marschall und zeitweilige Regierungschef Józef Piłsudski, der für viele Polen ihr größter Staatsmann im 20. Jahrhundert war. Der schnauzbärtige Marschall, dessen Büsten heute viele Wohnzimmer zieren, hat sich gewiss verdient gemacht: Er hat den Verlauf des Ersten Weltkriegs vorausgesehen und durch seine Bündnispolitik die Unabhängigkeit Polens mit ermöglicht; er hat die Truppen erfolgreich in den Krieg gegen das junge Sowjetrussland geführt. Dass er der Herkunft nach Sozialist war, hat das Land wohl vor schlimmeren nationalistischen Exzessen, als es sie ohnehin gab, bewahrt. Doch war er ein autoritärer Herrscher, kein demokratischer. Immerhin: der größte Staatsmann, der Vater des unabhängigen Polen. Seine Statue neben dem Schloss durfte denn auch nicht zu klein ausfallen.

Weiter dem Königsweg folgend, passiert man linkerhand den Regierungssitz, der gern von wütenden Demonstranten aufgesucht wird. Angesichts der dann unweigerlich einsetzenden Prügelszenen sollte man schnell im Park gegenüber untertauchen. Die schönste Grünanlage der Stadt, der Łazienki-Park mit seinem Wasserschloss, seinem Amphitheater, seinen immer wieder zwischen den Bäumen aufscheinenden Kostbarkeiten ist eine rechte Oase. Den Park beschließt das Ujazdowski-Schloss, in dem moderne Kunst zu sehen ist; wenn ringsum alles grünt und blüht, ist die Terrasse des Schlossrestaurants mit dem anregenden Namen »Künstlerküche« immer gut besetzt.

Der Königsweg nennt sich in seinem südlichen Abschnitt Ujazdowskie-Allee. Dies ist die Straße der Palais, der Botschaften, der Grünanlagen. Weiter nördlich wird es städtischer. An einer belebten Kreuzung ruht, von leuchtender Werbung verfremdet, ein mächtiger Quader, das einstige Hauptquartier der Kommunistischen Partei. Nach der Wende zog die Warschauer Börse in das Gebäude ein. Hier beginnt der zweite Abschnitt des Königswegs, die Straße Nowy Świat (Neue Welt). Die Flaniermeile der Stadt, klassizistisch wiederaufgebaut, wirkt durch die niedrige Traufhöhe und die angenehm breiten Bürgersteige heimelig: eine Straße im Quer-, ja sogar im Taschenformat. Kleine, feine Läden mit ausländischer Mode, Kosmetika und Antiquitäten. Eine *bar mleczny* gibt es dazwischen auch, eine Milchbar, eines jener heute nostalgisch betrachteten Relikte der Volksrepublik, Mittelding zwischen Kantine und Restaurant mit Preisen, die für jeden erschwinglich sind. Doch hier sind auch, älter als alles andere, Kaffeehaus und Konditorei Blikle zu finden, von 1869 bis 1944 und seit 1993 wieder in Familienbesitz. Vielleicht nicht mehr der Literatentreff von einst, doch ein Ort mit Wiener Atmosphäre und den besten Süßwaren. Das Sehen und Gesehenwerden, dazu der kleinste Kaffee oder der schlichteste Tee, kostet hier neun Złoty, macht derzeit zwei Euro. Das Doppelte bis Dreifache dessen, was nebenan zu bezahlen wäre.

Der letzte Abschnitt auf dem Weg in die Altstadt ist dann die Straße Krakowskie Przedmieście (Krakauer Vorstadt). Hier liegen Kirchen und Palais, auch der Präsidentenpalast, der heutige, von dem noch die Rede sein wird. Und hier betreten wir zwischen Fassaden des 18. und 19. Jahrhunderts die Heimat Chopins. Der bekannteste polnische Komponist trägt einen französischen Namen, weil sein Vater, der junge, musisch begabte Lothringer Nicolas Chopin, in einer französischen Tabakfirma in Warschau einen Job bekommen hatte. Später wurde er Hauslehrer bei einer Gräfin in Żelazowa Wola westlich der Stadt, wo er seine Justyna heiratete, die als zweites von vier Kindern Frédéric zur Welt brachte. Mit sieben Jahren schrieb Frédéric seine erste Polonaise. Später wohnte die Familie an zwei Adressen in der Straße Krakauer Vorstadt, um die Ecke war das Konservatorium, wo der kleine Chopin Unterricht nahm.

Gegenüber der Universität liegt das Palais Czapski, der letzte Wohnsitz Chopins in Warschau. Von hier brach der Komponist kurz vor Ausbruch des Novemberaufstands 1830 nach

Wien auf. Jahrzehnte später, während des Januaraufstands, plünderten russische Soldaten die Wohnung seiner Schwester im Palais Zamoyski, wenige Häuser weiter, und warfen Chopins Flügel vom Balkon auf die Straße. Der Komponist sollte seine Heimat nie wiedersehen. »Von Geburt Warschauer, dem Herzen nach Pole, dem Talent nach Weltbürger, hat Fryderyk Chopin diese Welt verlassen«, schrieb der Dichter Cyprian Kamil Norwid in seinem Nachruf 1849. Wie Norwid ist Chopin in Warschau aufgewachsen und in Paris gestorben. Dort wurde er auch begraben, doch sein Herz wurde Jahrzehnte später in der Heilig-Kreuz-Kirche in der Krakauer Vorstadt beigesetzt. Im Palais Czapski und im Chopin-Museum lebt die Erinnerung.

Zwei Ecken weiter dann ein verspielter Neorenaissancebau in frisch erneuertem Weiß. Livrierte Diener und Limousinen stehen davor. Warschaus berühmtestes Hotel: das Bristol. Es ist nun schon gut hundert Jahre alt und hat an Gästen einiges gesehen: Hermann Göring, John F. Kennedy, Pablo Picasso, Marlene Dietrich. Hier sind auch wichtige Bekanntschaften geschlossen worden. 1958 sollte ein Warschauer Literaturkritiker einen Mann aus Westdeutschland mit mächtigem Schnurrbart in Empfang nehmen, der Schriftsteller werden wollte. »Das Bristol war damals das einzige Warschauer Luxushotel«, erinnert sich der Kritiker, »bewohnt fast ausschließlich von Ausländern, die sich schon durch ihre Kleidung von den Einheimischen unterschieden.« Den Gast, den er betreuen sollte, habe er jedoch nicht gleich erkannt, da er, »um es gelinde auszudrücken, nachlässig gekleidet und auch nicht rasiert war«. Marcel Reich-Ranicki traf hier im Foyer auf den (nach seiner Darstellung leicht angeheiterten) Günter Grass. Der junge Autor verriet ihm auf dem gemeinsamen Spaziergang, er schreibe gerade an einem Roman über einen buckeligen Zwerg. Reich-Ranicki rümpfte nur die Nase. – Im Bristol traf er in den fünfziger Jahren auch erstmals Bertolt Brecht, Anna Seghers, Peter Huchel und Heinrich Böll. Der Kritiker dachte Tag und Nacht an Deutschland, doch er und seine Familie, seine Freunde, seine Weggefährten lebten in Warschau.

Ein jüdisches Leben zwischen Deutschland und Polen. Im Jahr 1920 wurde Marceli Reich als Sohn eines Kaufmanns hundertdreißig Kilometer von Warschau weichselabwärts in Włocławek geboren. Bald zog die Familie mit ihm nach Berlin, um von dort einige Zeit später – wie Tausende polnische Juden – wieder ausgewiesen zu werden. Nicht freiwillig kam er nach Warschau, wo er, mit kurzen Unterbrechungen, zwanzig Jahre seines Lebens verbringen sollte. Als die deutschen Truppen die Stadt besetzt hielten, war er zunächst in der Ghettoverwaltung tätig. Dem Ghetto und dem Tode entronnen, fanden er und seine Frau Unterschlupf bei der Familie Gawin in einem winzigen Häuschen östlich der Weichsel, im Stadtteil Gocławek. Das Häuschen steht noch, und die Tochter der Familie war damals groß genug, um noch heute von der Angst erzählen zu können, welche die Familie fünfzehn Monate lang auszustehen hatte. Immer wieder die Fragen der Nachbarn: »Warum ist bei euch immer die Tür verschlossen?« »Warum braucht ihr so viel Brot?«

Als die sowjetische Front durchgezogen war, schloss sich Reich-Ranicki der im Aufbau befindlichen polnischen Staatssicherheit an. Er kam ins ostpolnische Lublin, wurde nach Oberschlesien entsandt, machte dann Karriere in der Zentrale in Warschau. Zeitweise war er mit der Postzensur, später mit nachrichtendienstlicher Arbeit betraut, so auch in London, wo er 1948/49 offiziell polnischer Konsul, dann Generalkonsul war. Wenig später schloss ihn die Staatssicherheit aus ihren Reihen aus. Doch er ist weich gefallen, ein Opfer des Regimes war er nicht. Bald durfte er bedeutende ausländische Schriftsteller betreuen, auch über sie schreiben und, mit Einschränkungen, im Rundfunk über sie sprechen. Doch Deutschland, wohin es viele Menschen mit ähnlichem Werdegang zog, leuchtete von ferne: 1958 nahm Reich-Ranicki, mit einem 90-Tage-Visum ausgestattet, den Zug nach Frankfurt am Main. Wie Chopin, dessen Musik er liebt, sollte er Polen jahrzehntelang nicht mehr wiedersehen. Ein sentimentaler Abschied: »Beinahe zwanzig Jahre habe ich hier unendlich viel erlebt und ertragen, gelitten und geliebt.« Nur zur Tochter der Familie Gawin, der die Reich-Ranickis ihr Leben verdanken, ist die Verbindung bis heute nicht abgerissen.

Was soll man noch erzählen? Der Königsweg endet am Schlossplatz in der Altstadt. Auf seiner Säule steht in den Lüften, das Schwert in der Rechten, ein mannshohes Kreuz in der Linken, Sigismund III. aus dem schwedischen Hause Vasa. Ihm verdankt Warschau die Hauptstadtrolle und den Königsweg.

Und wem verdankt die Stadt die Renovierung der Fassade von St. Anna gegenüber? Vermutlich Lipton oder Tchibo oder Warta. Bis vor kurzem durften Firmen, die versprachen, die Renovierung eines Gebäudes am Königstrakt oder am Marktplatz zu finanzieren, dieses mit einem tennisplatzgroßen Werbetransparent verhüllen. Doch als sich herausstellte, dass monatelang grelle Transparente hingen, ohne dass sich die jeweilige Fassade auch nur einen Deut verändert hätte, griff die Denkmalpflege ein und erließ strengere Richtlinien. Nicht immer zur Freude der Beteiligten. Andrzej Soltan vom Historischen Museum am altstädtischen Markt seufzt: »Wenn wir nirgends Geld bekommen, um unsere Häuser zu retten, ist die Reklame ein notwendiges Übel. Die Einnahmen durch die Eiscremewerbung werden uns erlauben, das Haus Nr. 28 zu renovieren.« Schauen wir mal, ob wenigstens das Museum Wort hält.

Der Albtraum eines betrunkenen Zuckerbäckers

Stalins unwiderstehliches Geschenk: Der Kulturpalast

Wer den unterirdischen Zentralbahnhof verlässt, dem sticht er als Erstes ins Auge. Auch sonst ist er nicht zu übersehen. Ständig schiebt sich dieser Wolkenkratzer ins Blickfeld, ein Geschenk Stalins an das polnische Volk. Deshalb nannte der Warschauer Volksmund als schönsten Ort in der Stadt lange Zeit die Aussichtsplattform des Palasts im dreißigsten Stock. Warum? »Weil das der einzige Ort ist, von dem aus man den Kulturpalast *nicht* sieht.« Keiner kommt an dieser Trutzburg des sozialistischen Realismus vorbei. Allenfalls um sie herum: Gut zwanzig Minuten, heißt es in einem deutschen Reiseführer, brauche man, um den Koloss von Warschau zu umrunden. Das ist allerdings übertrieben.

So böse, wie es der Volksmund glauben machen könnte, sind die Warschauer auf ihren Kulturpalast inzwischen längst nicht mehr. Sie haben sich an dieses sowjetische »Geschenk« gewöhnt. In den achtziger, erst recht seit den neunziger Jahren hat der graue Palast in verschiedenen Farben schillernde Brüder und Schwestern bekommen, Hotel- und Bürotürme mit bis zu dreißig Stockwerken, die ihm zwar alle nur bis zur Hüfte reichen, die jedoch seine klassischen Formen in neuem, milderem Licht erscheinen lassen. Wojciech Kozak, zeitweilig Stadtpräsident (Oberbürgermeister), jetzt Vorsitzender des Stadtrats, als Enddreißiger jünger als der Palast selbst, hofft denn auch, die jahrelange Diskussion über einen möglichen Abriss dieses »durchaus imponierenden« Bauwerks sei inzwischen »ein für alle Mal beendet«. Mehr noch: »Warschau braucht dieses Objekt, als Konferenz- und Ausstellungsort, Bürogebäude, Theater-, Museums- und Kinokomplex und auch als Andenken an vergangene Zeiten. Ein Memento für künftige Generationen.«

In der Tat: Das »Zentrum im Zentrum«, wie der Palast sich in der Eigenwerbung nennt, das mit 234 Metern angeblich vierthöchste Gebäude Europas, mit einer Konferenz- und Ausstellungsfläche von insgesamt fast zehntausend Quadratmetern, mit mehr als dreitausend Räumen, einem Schwimmbad und so weiter und so fort, ist in praktischer Hinsicht nicht mehr wegzudenken. Auch in einem symbolischen Sinn hat die Stadt – so sehen es viele Warschauer – sich das Bauwerk angeeignet. Unzählige Künstler haben sich schon zu kommunistischer Zeit an diesem »Albtraum eines betrunkenen Zuckerbäckers«, wie ihn ein Dichter nannte, ausgetobt. Was blieb ihnen anderes übrig, als mit Worten gegen das ungeliebte »Wunder des Wiederaufbaus« anzukämpfen?

»Ein überflüssiges Wunder«, schimpfte der große Feuilletonist Stefan Kisielewski, »ein seelenloser Moloch«. »Eine hochkant gestellte Baracke«, eine »Unfreiheitsstatue«, schalt es Tadeusz Konwicki, in dessen düster-grotesken Romanen der Palast immer wieder auftaucht. »Jeden Morgen klopft der Palast an mein Fenster mit steinerner Kralle«, dichtete Zbigniew Herbert. Schriftsteller und Filmregisseure rieben sich an dem grauen Bauwerk und ihre Phantasie sprühte Funken: Einer ließ Steinquader auf die Bonzen herabfallen, die gerade den im Gebäude tagenden Parteitag verließen. Ein anderer brachte es durch Betätigung einer Toilettenspülung zum Einsturz. Ein Dritter ließ Prostituierte aus den östlichen Nachbarländern darin ihre Dienste anbieten.

Angefangen hatte alles ganz anders. Am 3. Juli 1951 sollte Wjatscheslaw Molotow, einer der engsten Mitarbeiter Stalins, die polnische Hauptstadt besuchen. Einen Tag vorher wurde Józef Sigalin, Chef des Warschauer Büros für den Wiederaufbau der Stadt, informiert, der sowjetische Genosse werde »spontan« vorschlagen, ob man hier nicht ein Bauwerk nach Art der bekannten sieben Moskauer Hochhäuser errichten könne. Sigalin wurde angewiesen, sich nicht überrascht zu zeigen und Molotow in möglichst allgemeiner Form Zustimmung zu signalisieren. Er bewältigte die heikle Aufgabe perfekt. Sigalin wählte die Worte »No tak, owszem« (Nun ja, durchaus).

Im April 1952 wurde das Vorhaben durch einen zwischenstaatlichen Vertrag aktenkundig, in dem die sowjetische Regierung sich verpflichtete, »mit den Kräften und Mitteln der Sowjetunion«, also auch mit eigenen Bauarbeitern, das Gebäude zu errichten. Moskau schwebte vor, den Polen ein neues Universitätsgebäude zu schenken, und in der Tat ähnelt der Palast am ehesten der Moskauer Lomonossow-Universität. Warschau jedoch bestand auf einem multifunktionalen Gebäude und setzte sich durch. Der Standort in der Stadt (fünf kamen in Frage) und viele architektonische Details wurden gemeinsam ausgewählt; nicht umsonst hatten die sowjetischen Fachleute, die meisten zum ersten Mal auf »Westbesuch«, zuvor Dokumentationsreisen in jene Städte Polens unternommen, die im Krieg weniger zerstört worden waren. So knüpfen außen der charakteristische Turm und die Zinnenverzierungen, innen Kassettendecken, Marmor und Intarsien an europäische Architektur früherer Jahrhunderte an: »national in der Form, sozialistisch im Inhalt«. In einer informativen neuen Broschüre der Palastverwaltung heißt es, die polnischen Architekten seien in den fünfziger Jahren wohl die Einzigen gewesen, die versucht hätten, mit Abgesandten der Sowjetunion als gleichberechtigte Partner zu verhandeln. Als verantwortlich für das Gesamtwerk gilt der Russe Lew Rudnew.

Am 22. Juli 1955 wurde der »Josef-Stalin-Palast der Kultur und Wissenschaft« feierlich eröffnet. Da der Namenspatron inzwischen verstorben war, kam man ohne ein Denkmal für ihn aus. Stattdessen grüßen am Eingang überlebensgroß Nikolaus Kopernikus, der im polnischen Toruń (Thorn) geborene Astronom, und der Dichter Adam Mickiewicz, der den Polen etwa so viel bedeutet wie sein persönlicher Bekannter Goethe den Deutschen. Andernorts stehen muskulöse Werktätige. Alsbald besangen die Musen das Bauwerk, durch dessen Fundamente einst die Ghettomauer verlief, als »neues Wunder des Lebens«

in der kurz zuvor noch zu neunzig Prozent zerstörten Hauptstadt.

Seitdem hat der Palast einiges erlebt. 1987, als das kommunistische Regime in seinen letzten Zügen lag, feierte Papst Johannes Paul II. auf dem Defilée-Platz vor dem Bauwerk eine Messe; eine steinerne Ehrentribüne erinnert noch heute daran, dass die Partei- und Staatsführung hier einst den Jubel der marschierenden Massen entgegennahm. Durch die Anbringung großer Uhren am Turm erhielt der Palast im Jahr 2000 unleugbar einen Big-Ben-Look. Die Palastverwaltung hat kürzlich einen Wettbewerb für einen neuen Namen ausgeschrieben, auch um den Schatten des nie offiziell getilgten Namenspatrons loszuwerden. Durch den Palast werden neuerdings auch Führungen angeboten – inklusive Besichtigung der weichen Sessel in Genosse Breschnews Ruheraum. Im zweiten Untergeschoss hat sich »Socland« (Sozialismus-Land) einquartiert, ein neues Museum und Gedenkstätte für die in vielen Ländern zu beklagenden Opfer dieses Systems.

Wer sich heute auf die Aussichtsplattform begibt, sollte seinen Blick möglichst nicht steil nach unten richten. Denn hier erstreckt sich nach wie vor einer der hässlichsten Plätze der Stadt, mit Buden, in denen Krimskrams, Klamotten und »erotische Massagen« angeboten werden. Um die Bebauung des riesigen Karrees wird seit Jahren gestritten. Sicher ist nur, dass zum Zentralbahnhof hin für vierhundert Millionen Euro das Handels- und Dienstleistungszentrum »Goldene Terrassen« entstehen wird. Golden könnte für kurze

Zeit auch der Palast erstrahlen: wenn Arkadius, der in Europa wohl erfolgreichste polnische Designer, die Erlaubnis bekommt, das Bauwerk in Goldfolie einzupacken.

Ein polnischer 68er

Vom Häftling zum Zeitungsgründer: Adam Michnik

Vor dem transparentesten Gebäude der Stadt hält ein Passat. Am Steuer ein kräftiger Chauffeur, Mitte vierzig, mit Pferdeschwanz und Vollbart, den seine widerborstig-proletarische Ausstrahlung als Veteran der Bewegung Solidarność (Solidarität) kenntlich macht. Er duzt sich mit dem Passagier auf dem Beifahrersitz, der nach kurzem Wortwechsel herausspringt und das Gebäude betritt.

Der leger gekleidete, temperamentvolle Mann, der nie Krawatte trägt und auf unverwechselbare Weise stottert, heißt Adam Michnik. Wenn der unbekannte Chauffeur damals zum Fußvolk der Bewegung gehörte, saß Michnik in ihrem Generalstab. Mit dem Zerbröseln des alten Regimes begann seine zweite Karriere als Zeitungsgründer und Chefredakteur. Die Medienlandschaft und die politische Kultur der Dritten Republik hat er geprägt wie nur wenige. Im Frühjahr 1989, kurz vor den ersten halbwegs freien Wahlen des Ostblocks, wurde er Chefredakteur der *Gazeta Wyborcza*, der Wahlzeitung. Das Blatt heißt bis heute so, der Verlag trägt den programmatischen griechischen Namen »Agora«. Die transparente Hülse aus Glas und Holz, die fast keine Innenwände hat, ist das neue, mit einem Architekturpreis ausgezeichnete Redaktionsgebäude. Der Chefredakteur heißt immer noch Adam Michnik.

Der gebürtige Warschauer, Jahrgang 1946, ist längst zu einer national wie international gehörten Persönlichkeit geworden. In seiner Geburtsstadt wohnt er seit Jahrzehnten in einer mit Büchern voll gestopften Altbauwohnung, die den Krieg überstand, weil sie im von den Deutschen bis zuletzt verteidigten Gestapo-Viertel lag. Neunzig seiner Verwandten dagegen überstanden den Krieg nicht, kamen im Holocaust ums Leben. Auch das hat Michnik im Hinterkopf, wenn er darüber sinniert, wie der deutschen Vertriebenen von 1945 zu gedenken sei: »Wir haben den deutsch-polnischen Dialog aufgebaut, gestützt auf Wahrheit. Wir sind dabei, auch unsere Schuld aufzuarbeiten. Aber Wahrheit ist nicht Symmetrie, eine Symmetrie des Leids wird es nicht geben.« Michnik spricht zwar nicht Deutsch, doch er kennt seine Deutschen: Er zitiert aus dem Gedächtnis Thomas, Heinrich, Klaus und Golo Mann, Ernst Nolte und Andreas Hillgruber.

Wenn er mit Daniel Cohn-Bendit diskutiert oder Joschka Fischer, den er gelegentlich als »Bruder« anredet, durch das Redaktionsgebäude führt (der Minister im Nadelstreif, der Chefredakteur in Jeans), merkt man, dass diese drei Europäer bei allen Unterschieden so etwas wie eine politische Generation bilden. Alle drei sind geprägt vom Epochenjahr 1968, das sie in Deutschland, Frankreich und Polen erlebten, noch ohne voneinander zu wissen. Allerdings brachte das Jahr 1968 im Osten Europas etwas andere Erfahrungen als im Westen.

In Prag wurde dem Aufbruch zum »Sozialismus mit menschlichem Antlitz« von sowjetischen

Panzern ein Ende bereitet. In Warschau wurde ein Theaterstück des Nationaldichters Adam Mickiewicz wegen des Verdachts auf antisowjetische Untertöne von der Zensur abgesetzt. Die Proteste dagegen wurden niedergeknüppelt, es folgte eine antisemitisch gefärbte Schmutzkampagne gegen »schädliche« Intellektuelle. Der Geschichtsstudent Adam Michnik verlor seinen Studienplatz, landete im Gefängnis, wurde Schweißer in den Rosa-Luxemburg-Werken.

In eine kommunistisch geprägte Familie jüdischer Herkunft hineingeboren zu sein bedeutete für viele mit unerbittlicher Logik, den Weg der Dissidenz zu gehen. In den siebziger Jahren schließt Michnik sich der Bürgerrechtsbewegung an, beendet sein Studium, hält Vorlesungen im Rahmen der »Untergrund-Universität«, wird 1980 einer der führenden Berater der entstehenden Solidarność-Bewegung. Der polnische Sommer oder, da die Polen gern in historischen Monatsschritten denken, der »polnische August« öffnet für lange Zeit, für ganze fünfzehn Monate, ein großes Fenster zur Freiheit.

Es ist schon unglaublich, was damals in Polen geschah: die »Partei der Arbeiterklasse« sah sich plötzlich – in Gdańsk (Danzig), Szczecin (Stettin) und in Oberschlesien – mit etwas konfrontiert, was es in diesem Staat eigentlich nicht geben durfte: mit Streiks. Noch schlimmer: Auf der Tafel mit den 21 Forderungen der Streikenden (das Original wurde inzwischen zum Weltkulturerbe erklärt) verlangten die Arbeiter nicht, wie bei früheren Protestwellen im Land, mehr Lohn oder niedrigere

Fleischpreise. Sie forderten eine freie Gewerkschaft. Die Regierung musste nachgeben. Der Danziger Arbeiterführer Lech Wałęsa hatte gesiegt. In Windeseile entstand die freie Gewerkschaft Solidarność, die bald zehn Millionen Mitglieder zählte.

Jetzt folgte ein Demokratisierungsschritt auf den nächsten. Die Polen vollzogen eine geistige Selbstbefreiung. Doch das Land war wie auf einer schiefen Ebene: Die Planwirtschaft war mit halben und Viertelschritten nicht zu reparieren, die Versorgungslage wurde immer schlechter, das Schlangestehen immer anstrengender, die Unzufriedenheit immer größer. Zugleich wollte die immer mehr ins Wanken geratende kommunistische Partei die politische Macht in ihren Händen behalten. Und die Nachbarn, die Sowjetunion mit Breschnew, die DDR mit Honecker und die Tschechoslowakei mit Husak an der Spitze, ließen zur Stärkung dieses Machtanspruchs monatelang in Manövern die Panzerketten rasseln.

Am 13. Dezember 1981 verhängte der neue Staats- und Parteichef General Wojciech Jaruzelski das Kriegsrecht. In einer Nacht wurden mehr als fünftausend Oppositionelle verhaftet und in »Internierungslager« gesteckt. Widerstand, ob von streikenden Bergleuten oder demonstrierenden Jugendlichen, wurde gewaltsam gebrochen, wobei im Lauf eines Jahres mehr als hundert Menschen ums Leben kamen. Unter den Verhafteten war, wie konnte es anders sein, Adam Michnik. Er wurde wegen »Planung und Vorbereitung eines gewaltsamen Umsturzes« verurteilt. Insgesamt sollte er jetzt etwa vier Jahre hinter Gittern verbringen, eine Zeit, in der er viel Thomas Mann gelesen, ein Buch und glänzende Essays geschrieben hat.

Doch es ist, wie vor Jahrzehnten der polnische Aphoristiker Stanisław Jerzy Lec schrieb: Jedes Regime wird einmal zum Ancien Régime. 1988 gerät das Gleichgewicht zwischen Widerstandsgeist und Eingeschüchtertsein wieder ins Wanken. Die Danziger Werftarbeiter wagen es noch einmal, zu streiken und zu demonstrieren. In Moskau ist seit drei Jahren Michail Gorbatschow an der Macht, der dem Ostblock Liberalisierung zwar nicht aufzwingt, aber dort, wo sie gewünscht wird, geschehen lässt. In Polen versucht Konkursverwalter Mieczysław Rakowski sein Glück, doch es gibt kein Halten mehr.

Im Februar 1989 sitzt Adam Michnik für die Solidarność-Seite am ersten »runden Tisch« hinter dem Eisernen Vorhang. Er ist stolz darauf, dass Polen bei der Überwindung der Diktatur den spanischen Weg geht, nicht den rumänischen mit Gewalt und Hinrichtungen. »Was heißt Vergebung?«, fragt der Bürgerrechtler heute im Rückblick. »Es bedeutet, bewusst auf die uns zustehende Gerechtigkeit im Namen der Barmherzigkeit zu verzichten, bewusst die Versöhnung mit dem gestrigen Feind anzustreben.« In Polen spricht man von der *gruba kreska*, einem dicken Strich unter der Vergangenheit. Die gerichtliche Aufarbeitung der politischen Verbrechen, wie sie zum Teil auch hier stattfindet, sei so leicht manipulierbar, fürchtet Michnik, dass man sie besser unterlassen solle. Daraus spricht seine Sorge, der junge Staat, »unsere unvollkommene, oft krüppelige, aber immerhin: Demokratie« könne Schaden leiden, wenn die Geschichte vor Gericht gestellt werde. Viele Bürgerrechtler haben Michnik diese Haltung verübelt.

Kennzeichnend für den Umbruch in Polen war, dass er unter dem Druck der Bevölkerung zwar früh begann. Doch der Preis dafür waren die wichtigen Zugeständnisse, die man den immer noch starken Kommunisten machen musste, sodass sich die Umgestaltung in vieler Hinsicht länger hinzog als anderswo. Auch die wirtschaftliche Lage blieb angespannt: Der Lebensstandard sank durch die ersten Reformschritte schlagartig um mehr als 25 Prozent. Doch die Bevölkerung zog mit.

Im Juni 1989 fanden halbwegs freie Wahlen statt. Michnik wurde für zwei Jahre Abgeordneter. In diese Zeit fällt, nachdem die Macht einmal erobert war, auch die Spaltung der Bewegung: Der Chef der *Gazeta Wyborcza* und viele andere, vor allem die Intellektuellen, wenden sich vom Solidarność-Vorsitzenden Wałęsa ab, der es zwar 1990 noch schafft, die Präsidentenwahl zu gewinnen, der sich jedoch immer mehr ins Abseits manövriert. Heute ist die Legende Wałęsa längst vom Sockel gestürzt, besser gesagt: selbst vom Sockel gestiegen.

Geblieben ist Adam Michnik. Er hat die neue Ordnung nicht nur mitgestaltet, er hat sich darin auch auf lange Zeit Macht und Mitsprache gesichert: durch die *Gazeta*, die von breiten Schichten, vom Dorfschullehrer bis zum Erzbischof, gelesen und verstanden wird. »Das ist eine Mischung aus

Bild und *Zeit*«, erklärte der Chefredakteur einem deutschen Besucher sein Konzept. Fette Überschriften und lange Essays. Neunzehn Regionalausgaben, ein Magazin, Servicebeilagen. Und diese engagierte Zeitung atmet immer noch das Ethos der Bürgerrechtsbewegung: »Uns ist nicht alles egal«, lautet das Motto, mit dem die Zeitung auf Plakaten für sich wirbt.

Die verkaufte Tagesauflage liegt im Durchschnitt bei gut vierhunderttausend. Trotz der Auflagenrückgänge, die alle Blätter in den letzten Jahren hinnehmen mussten, ist die *Gazeta* die stärkste Zeitung des Landes. Und der Verlag expandiert – über Anteile an fast dreißig Radiosendern und über eine Gratiszeitung. Doch einer hat am wirtschaftlichen Erfolg keinen Anteil: Als der Verlag an die Börse ging, verzichtete der Chefredakteur auf das ihm zustehende Aktienpaket im Wert von 34 Millionen Dollar: »Ich wollte nicht der Gefangene meines Geldes sein«, sagt er im Rückblick, »ich wollte nicht kalkulieren müssen: Wenn ich das drucke, mache ich soundso viel Verlust.« Dafür prägt Michnik den Inhalt. Der Schutz von Minderheiten, Frauen- und Kinderrechten, die Prägung eines aufgeklärten Patriotismus, die umfassende Modernisierung des Landes auf dem Weg in die EU sind Anliegen dieser Zeitung. Patriotismus und christliche Werte, sagt der laizistische Liberale Michnik, dürften nicht dem rechten national-katholischen Rand überlassen werden.

Doch jeder wird einmal in Versuchung geführt. Das ganze Jahr 2003 hindurch lebte Polen unter dem Eindruck der Rywin-Affäre, bei der

Michnik eine der Hauptpersonen war. Es ging um die anstehende Änderung des Mediengesetzes, bei der die postkommunistische Regierung plante, die Expansion von Zeitungsverlegern in den Fernsehsektor zu behindern. Ein Gesetzentwurf, wie zugeschnitten auf den Verlag der *Gazeta Wyborcza*.

In dieser Situation trat der größte Filmproduzent des Landes, Lew Rywin, auf den Plan und bot dem Chefredakteur geheimnisvoll an, bei der »Gruppe, die die Macht in Händen hält«, eine für den Verlag günstige Änderung des Mediengesetzes zu erwirken. Für diesen »Dienst« forderte er von Michnik 17,5 Millionen Dollar Schmiergeld. Michnik nahm das Gespräch heimlich auf Band auf. Er spielte nicht mit. Mehr noch, er brachte den Fall, allerdings erst ein halbes Jahr später, als er keine andere Möglichkeit mehr sah, Licht ins Dunkel zu bringen, an die Öffentlichkeit: »Wir haben den Pakt des Schweigens gebrochen.« Erstmals seit der Wende wurde ein parlamentarischer Untersuchungsausschuss ins Leben gerufen, dessen Verhöre aller Verdächtigen, den Regierungschef eingeschlossen, im Fernsehen übertragen wurden. Millionen haben dieses »Reality TV« gesehen, den Versuch live miterlebt, die Hintergründe des Skandals auszuleuchten. Rywin selbst beteuert, er sei bei dem Gespräch über die 17,5 Millionen betrunken gewesen.

Später sagte Michnik, die schwere Entscheidung, an die Öffentlichkeit zu gehen, sei für ihn ein Augenblick des Glücks gewesen. Ein anderer war für ihn der Abschluss der EU-Beitrittsverhandlungen in Kopenhagen, der das Land aus seiner prekären Randlage in Europa erlöst hat. Doch das höchste Glück ist es für Michnik immer noch, über Politik und Geschichte Bücher zu schreiben. Bisher wurden drei davon ins Deutsche übersetzt.

Sein Ehrgeiz als Zeitungsgründer, sagte er einmal, sei gestillt. Auch für ihn als Chefredakteur rücke die Stunde des Rückzugs näher. Doch wer ihn sieht, stotternd, wie es seine Art ist, gestikulierend, deftige russische Witze erzählend und zwischendurch an einer Zigarette ziehend, der vermutet: Bis Michnik sich zurückzieht, wird noch viel Wasser die Weichsel hinunterfließen.

Sie nähen Polen zusammen

Das Präsidentenpaar: Aleksander Kwaśniewski und seine Frau Jolanta

Er kommt auf seinen Besucher zu, streckt beide Hände aus und sagt auf Deutsch: »Herzlich willkommen.« Die kleinen blauen Augen blicken freundlich. Sein Auftreten ist verbindlich, einnehmend, distanzüberwindend, strahlt aber auch unaufdringlich Seriosität aus. »Versöhnen statt spalten« könnte sein Motto sein. Jugendlichen mag er wie ein netter Onkel erscheinen, älteren Damen wie der ideale Schwiegersohn. Aleksander Kwaśniewski hat die Fähigkeit, mit Menschen um- und auf sie zuzugehen. Mit dem Gesprächspartner am Tisch in seinem Arbeitszimmer, von dem ihn nur ein Blumengesteck trennt, ebenso wie mit den Millionen draußen im Lande, die ihn aus dem Fernsehen kennen. Zweimal haben sie ihn ins Amt gewählt, beim zweiten Mal schon im ersten Wahlgang.

»In Wiesbaden sind Sie aufgewachsen? Ja, kennen wir, dort waren wir auch schon. Dort habe ich im Casino gespielt.« Wenn man Parteichef ist oder, seit 1995, sogar Staatspräsident, kommt man schon herum in der Welt. Was hatten wohl seine Eltern gedacht, worauf hatten sie gehofft für ihren Sohn, als der kleine Aleksander am 15. November 1954, gut ein Jahr nach Stalins Tod, im Städtchen Białogard (Belgard) in Pommern das Licht der Welt erblickte? Aleksanders Mutter hatte es nach dem Krieg dorthin verschlagen; sie stammte aus Wilna, dem heute litauischen Vilnius. Von dort wurde ihre Familie wie viele andere 1945 nach Westen vertrieben. So kam sie nach Pommern, wo bereits die Vertreibung der Deutschen begonnen hatte. Aleksanders Vater kam aus dem zerstörten Warschau in diese Gegend.

Viel später, bereits als Staatsoberhaupt, ist Kwaśniewski wieder in der Heimatstadt seiner Mutter gewesen. Sein litauischer Kollege Algirdas Brazauskas übergab ihm sowjetische Archivdokumente über die Vertreibung der Familie. »Fünf Namen, daneben eine Klammer und die russischen Worte *odin tschemodan*, ein Koffer«, erzählt Kwaśniewski. Und er ordnet diesen Koffer ein in den Kontext der polnischen Geschichte, in der Vertreibung ein vergleichsweise mildes Schicksal war. »Aus heutiger Sicht würde ich sagen: Das war ein Koffer des Glücks. Wenn es anders gekommen wäre, wären sie dort geblieben, mit allen Konsequenzen.« Dort, in der Sowjetunion, in noch größerer Armut und Unfreiheit als im kommunistischen Polen. Brazauskas zeigte ihm in Wilna auch das Haus seiner Mutter und fragte, ob er es zurückhaben wolle. »Ich habe abgelehnt. Es ist geschehen, es ist abgeschlossen.«

Pommern, das grüne Land am Meer, war und ist eine arme, dünn besiedelte Provinz. Hier ging Aleksander zur Schule, war Vorsitzender der Schülerselbstverwaltung, machte 1973 das Abitur. Lange Jahre hatte die Familie, die er als sozial engagiert, aber unpolitisch beschreibt (»keiner Partei angehörend«), in dem Krankenhaus gewohnt, in dem sein Vater als Arzt tätig war. Die unangenehmen Gerüche und manches andere ließen in dem Schüler die Entschlossenheit reifen, auf keinen Fall in die Fußstapfen seines Vaters zu treten. Architekt wollte er werden, doch die zeichnerische Begabung ließ zu wünschen übrig. Augenärztin wurde seine Schwester, die heute in Bern arbeitet.

Aleksander wollte studieren und fuhr zum Studium des Außenhandels nach Danzig. Dort lernte er die Studentin Jolanta kennen, die er 1979 heiratete. Seit Beginn des Studiums engagierte sich Kwaśniewski immer stärker im regimetreuen Sozialistischen Studentenverband, ein ziemlich sicherer Weg, um nach oben zu kommen. Er gehörte nicht zu denen, die schon damals, gerade in Danzig, auf umwälzende Veränderungen hinarbeiteten. Ende der siebziger Jahre, als Lech Wałęsa erstmals versuchte, eine freie Gewerkschaft zu gründen, fuhr Kwaśniewski zu einem Praktikum in die mittelständische Firma Stocko nach Wuppertal.

Seine Aktivitäten hinderten ihn zwar daran, sein Magisterstudium abzuschließen, doch sie brachten ihn voran. Und sie brachten ihn nach Warschau, wo er zeitweise mit Frau und Töchterchen in einer Einzimmerwohnung hauste. 1984 wurde er Chefredakteur der offiziellen Jugendzeitung *Sztandar młodych* (Standarte der Jungen). Auch gründete er mit Freunden den *bajtek*, die erste Computerzeitschrift Polens, die ihren Namen von der Verkleinerungsform für Byte erhielt. Eine unpolitische Angelegenheit? Immerhin: Es war die Zeit, da manche Polen dachten, die Hightech-Revolution werde den hoffnungslos rückständigen Kommunismus über kurz oder lang in sich zusammenstürzen lassen.

Noch glaubte zumindest Kwaśniewski nicht an den Untergang des Systems. Der Jungpolitiker, der seit Studentenzeiten Ski fuhr und Tennis spielte, der später auch Vorsitzender des Polnischen Olympischen Komitees werden sollte, wurde 1985 in Warschau Jugendminister. Kein unbedeutendes Jahr: Zugleich kam in Moskau der bis dahin weitgehend unbekannte Michail Gorbatschow an die Macht.

Danach überstürzten sich die Ereignisse. Der »runde Tisch«, die ersten halbfreien Wahlen – was für die Solidarność-Kräfte ein rauschender Sieg war, war für die Kommunisten bestenfalls ein geordneter Rückzug. Anfang 1990 dann der Auflösungsparteitag. Mieczysław Rakowski, der letzte Regierungschef, wie Gorbatschow ein Held des Rückzugs, gab in seiner Abschiedsrede die tiefe Depression seiner Genossen treffend wieder: »Wir mögen uns selbst nicht mehr.«

Kwaśniewski saß als Vertreter des alten Regimes am »runden Tisch«, worauf er heute stolz ist. Und da ein junger Hoffnungsträger in hoffnungsloser Lage den Parteikarren aus dem Dreck ziehen musste, wählten die sich nunmehr als Sozialdemokraten bezeichnenden Genossen Kwaśniewski zu ihrem Vorsitzenden. Es dauerte, was sie selbst nicht erwartet hatten, nur vier Jahre, da waren sie, von den Fehltritten ihrer organisatorisch unerfahrenen Gegner beflügelt, wieder an der Regierung. Diesmal jedoch demokratisch gewählt. Als 1995 Präsidentenwahlen anstanden, schickten sie keinen anderen als Kwaśniewski ins Rennen. Noch einmal kämpfte ein Anti- gegen einen Postkommunisten: Der als Präsident etwas ungehobelt wirkende Amtsinhaber Lech Wałęsa stritt gegen den elf Jahre jüngeren, welt- und sprachgewandten, smarten Herausforderer. Ein äußerst knapper Sieg. Danach gab Kwaśniewski sein Parteibuch zurück, um ganz »Präsident aller Polen« sein zu können.

Er ist es geworden. Ein Mann von der anderen Seite des »runden Tisches«, Adam Michnik, mit dem den Präsidenten gegenseitiger Respekt verbindet, vielleicht sogar Freundschaft, sagte über ihn: »Kwaśniewski näht Polen zusammen.« In der Tat: Dieser populärste Politiker hat wie kein anderer im Land die Gräben der Vergangenheit zugeschüttet. Das kommt offenbar gut an; sonst würde er nicht in den Umfragen seit Jahren um die siebzig Prozent Zustimmung ernten. Dass Kwaśniewski auch bei vielen einstigen Antikommunisten Respekt genießt, hat etwas mit dem Wörtchen *przepraszam* (Entschuldigung) zu tun. Oft hat er es ausgesprochen, nach Meinung mancher Kritiker sogar allzu oft. Er hat die Repressalien der Volksrepublik Polen gegen Andersdenkende bedauert und auch die Lügen über das Massaker an polnischen Offizieren in Katyn, das seine Genossen, um die Sowjets zu schonen, stets den Deutschen angelastet hatten. Für den Judenpogrom von Jedwabne (1941) und die »Aktion Weichsel«, die Vertreibung der Ukrainer innerhalb Polens (1947), hat der Präsident viel beachtete Worte der Entschuldigung und des Bedauerns gefunden. Auch über die Vertreibung der Deutschen, die vor dem Deutschen Bundestag zuvor schon Außenminister Bartoszewski bedauert hatte, hat er laut nachgedacht und gefragt, ob Polen diesen Opfern nicht eine »Geste« schuldig sei. Dieses Wort verhallte ungehört.

In Erinnerung bleiben dagegen die Meilensteine, die in seiner Amtszeit gesetzt wurden. Das Land hat sich 1997 – spät, doch gut Ding will Weile haben – per Referendum eine neue Verfassung gegeben. Darin heißt es, dass der Präsident, eine stärkere Figur als die britische Queen oder der deutsche Bundespräsident, die Außenpolitik »mitgestaltet«. Die Innenpolitik ohnehin: Immer wieder hat Kwaśniewski durch sein Veto wichtige Gesetzentwürfe, selbst eine Steuerreform zu Fall gebracht. In solchen Fällen tritt das Staatsoberhaupt, das keinen Pressesprecher hat, selbst vor die Kameras und begründet seine Entscheidung. Die blauen Augen blitzen, oft von einem hellblauen Hemd oder einer blauen Krawatte unterstrichen. In solchen Momenten hat seine Stimme, die sonst gelegentlich in einen hellen, plaudernden Singsang verfällt, einen sonoren, beruhigenden Ton. Der Landesvater wird's schon richten, denken dann die Bürger, er wird schon wissen, warum.

Als nächste Meilensteine sind die Beitritte zur Nato im Jahr 1999 und, planmäßig am 1. Mai 2004, zur EU zu sehen. Gewiss, Kwaśniewski hat bei der Sisyphusarbeit, die Polen leistet, nicht den schwersten Part abbekommen. Er muss sich nicht Tag für Tag mit Brüsseler Unterhändlern und Warschauer Abgeordneten herumschlagen. Doch er hat sich im nervösen innerpolnischen Auf und Ab als ruhender Pol etabliert. Auch als Ansprechpartner für das Ausland: Mit seinen Partnern Bush, Putin und dem Ukrainer Kutschma telefoniert er fließend in ihrer jeweiligen Muttersprache. Deutsch kann er auch recht gut; vor allem kann er mit den Deutschen. »Kwaśniewski, ach, das ist ein Mann, mit dem man gerne mal 'ne Pizza essen geht« (Gerhard Schröder). Kwaśniewski, das ist der Politiker, den Johannes Paul II. bei seiner Abschiedsrunde auf dem Flughafen zu sich ins Papamobil holte.

So lebt er nun mit seiner Frau im goldenen Käfig, dem Präsidentenpalast. Dieses Bauwerk am belebten Warschauer Königsweg, zwischen dem Hotel Bristol und der frühklassizistischen Karmeliterkirche gelegen, zeichnet sich dadurch aus, dass es in jedem Stadtführer einen anderen Namen trägt. Koniecpolski-Radziwiłł-Palais heißt es in einem von ihnen, da es Mitte des 17. Jahrhunderts für den Heerführer Koniecpolski erbaut wurde. Palais Radziwiłł ist als Name gebräuchlicher, da es lange im Besitz dieser Familie war, eines der bedeutendsten Adelsgeschlechter. Als Namiestnikowski-(Statthalter-)Palast ist es ebenfalls bekannt: Zur Teilungszeit diente es als Sitz des russischen Statthalters, doch diesen Namen hört man heute nicht gern. Im Zweiten Weltkrieg war der zuletzt im Stil der Neorenaissance umgestaltete Bau nur wenig beschädigt worden. Er wurde

Sitz des Ministerrats und immer wieder Schauplatz historischer Ereignisse. Im Säulensaal im ersten Stock wurde 1955 der Warschauer Pakt geschlossen, 1970 der deutsch-polnische Vertrag unterzeichnet, 1989 der »runde Tisch« aufgebaut, das größte, glücklicherweise zusammenklappbare Möbelstück der Republik.

Die einprägsamste Bezeichnung dieses Bauwerks lautet heute: Präsidentenpalast. Bis zum Ende seiner zweiten Amtszeit, bis zum Herbst 2005 wird der Hausherr Aleksander Kwaśniewski heißen. Bis dahin hat er Zeit, das rote und das weiße Polen zu einem einzigen Stück Tuch zusammenzunähen. Dann muss er laut Verfassung, ob das Volk es will oder nicht, ausscheiden. Was dann? »Man steigt nicht zweimal in denselben Fluss«, sagt Kwaśniewski dazu. Ein internationales Amt könne er sich besser vorstellen als noch einmal Minister, selbst Premier zu werden. 2003 wurde er schon als neuer Nato-Generalsekretär gehandelt. Schröder und Blair, sagt er, hätten ihm zugeraten, doch mit Verweis auf seine laufende Amtszeit habe er abgelehnt. So dürfen wir weiter rätseln, was Aleksander Kwaśniewski mit 51 Jahren machen wird, wenn er aus dem Palast ausziehen muss.

Doch halt! Eine große Unbekannte haben wir bei dieser Rechnung übersehen! Eine Person, die die Macht hätte, ohne Verstoß gegen die Verfassung »Olek« für weitere zehn Jahre Wohnrecht im Palast zu verschaffen, vielleicht sogar in der informellen Rolle eines Statthalters, wenn sie selbst außer Haus sein sollte – Jolanta Kwaśniewska!

Noch ist sie nur *pani prezydentowa*, die Frau Präsidentengattin. Morgen könnte sie *pani prezydent* sein. Die elegante Jolanta ist in Mittel- und Osteuropa sicher die Erste, die die Anrede »First Lady« verdient hat. Sie hatte den Berufsweg von der Studentin, die sich ihren Lebensunterhalt durch Putzen verdiente, bis zur Immobilienmaklerin schon zurückgelegt, ehe ihr Mann Präsident wurde. Dann gab sie die Rolle der ersten Dame und zog ihre Landsleute nicht weniger in ihren Bann als ihr Ehemann. Gepflegt, gut gekleidet, im Rampenlicht der Weltpolitik, doch zugleich betont unpolitisch, Arm in Arm mit anderen First Ladys und doch eine von uns. Alles andere als ein Aschenputtel (gelegentlich wurde sie inkognito auf Shoppingtour mit Freunden in Berlin gesehen) – und doch zugleich die barmherzige Samariterin, die mit ihrer Stiftung Kindern aus armen Familien hilft, Krankenhäuser besucht und auf Straßenkundgebungen gegen den Brustkrebs kämpft. Das hat schon etwas Aristokratisches. Kein Wunder, dass Jolanta schon als Bürgermeisterkandidatin für Warschau im Gespräch war. Kein Wunder, dass sich Illustrierte mit Jolanta auf dem Titel am besten verkaufen.

Das Magazin *Polityka* wollte es nun genau wissen und gab Ende 2003 eine Umfrage in Auftrag, wen die Polen als Nachfolger Kwaśniewskis wählen würden. Ein Ergebnis wie ein Erdrutsch: 34 Prozent stimmten für *pani prezydentowa* (unter den Befragten mit klaren Parteipräferenzen sogar 44 Prozent). Danach kam lange, lange nichts. Es folgte mit acht Prozent der radikale Bauernführer

Andrzej Lepper, der bekannteste Politrabauke des Landes, übrigens wie Kwaśniewski gebürtiger Pommer und ebenfalls Jahrgang 1954. Weit abgeschlagen die Politiker der regierenden Allianz der Demokratischen Linken. Was soll man dazu sagen? Jolanta hat die ganze politische Klasse deklassiert. Und was sagt ihr Ehemann dazu?

Vor allem ist der Präsident besorgt über die Politikverdrossenheit in Polen. Doch was die First Lady angeht: »Sie steht unter großem Druck zu kandidieren und hat Talent zur Politik. Meine Frau kann ich mir in jedem Amt vorstellen. Nur eines nicht: mich selbst in der Rolle der First Lady.« Die *Polityka* nahm Herrn Kwaśniewski diese Aufgabe ab und präsentierte ein Foto des Präsidentenpaares – er im Anzug, sie im kurzen Rock – mit vertauschten Köpfen.

Sollte es also dazu kommen, hätte Polen eine demokratisch gewählte Dynastie. Das Wahlkönigtum ist ja schon immer eine polnische Besonderheit gewesen. Manch einer scherzt bereits, ob nicht das einzige Kind des Präsidentenpaares, Aleksandra Kwaśniewska, Kosename Ola, eines Tages von ihrer Mutter die Amtsgeschäfte übernehmen könne. Nach sechs Jahren im Amt der *prezydentówna*, der Präsidententochter, hatte die Psychologiestudentin den ersten und bisher einzigen Schritt in die Weltöffentlichkeit getan: Nach mehreren Absagen nahm sie die Einladung zum jährlichen Pariser »Debütantenball« an. Begleitet von ihrer Mutter, zeigte sie im Luxushotel Crillon neben Barbara Berlusconi, dass Tanzen für sie kein Fremdwort ist. Doch Witz und Wehmut beiseite: Selbst wenn Jolanta Präsidentin werden sollte, würde die Dynastie bald wieder erlöschen. Denn Aleksandra Kwaśniewska ist Jahrgang 1981 und damit laut Verfassung etwas zu jung, um nach zwei Amtszeiten ihrer Mutter das Zepter übernehmen zu können. So wird wenigstens ihr der herrschaftliche Rummel erspart bleiben. Das dürfte ganz in ihrem Sinne sein und ganz nach bisherigem Brauch.

Syrena, »warszawka« und der »cwaniak«

Über Schwerter, Schlitzohren und andere Waffen

Warschau ist zwar »eine hinreichend kleine Stadt, dass sich Gerüchte schnell verbreiten können«, wie Aleksander Kwaśniewski einmal trefflich bemerkte, doch so klein, dass man auf dem Königsweg zufällig eine der hier porträtierten Personen antreffen könnte, ist sie wiederum nicht. Viel eher wird man einer Syrena oder – Vorsicht! – einem *cwaniak* begegnen und mit etwas Glück auch mit der *warszawka* Bekanntschaft machen.

Die Syrena (Sirene), die Seejungfrau, ist seit alters das Wappenzeichen der Stadt. Erstmals soll sie aus der Weichsel aufgetaucht sein, als gerade die Fischer Wars und Sawa an ihrem Ufer standen. Syrena konnte, so die Legende, anders als ihre Schwestern, die einst Odysseus belästigten, nicht singen. Sie wollte auch niemandem Unglück bringen. Immerhin konnte sie sprechen. Sie beschwor die Fischer Wars und Sawa, an dieser Stelle eine Stadt zu gründen, die unzerstörbar sein würde. Warszawa war geboren.

Seitdem schmückt die anmutige Nixe das Stadtwappen und zugleich alle möglichen Warschauer Utensilien, im Format von 1,5 Millimetern selbst die Busfahrkarten. Einen Schild in der Linken, ein leicht geschwungenes Schwert in der Rechten, symbolisiert sie Wehrhaftigkeit. Auf einer mittelalterlichen Darstellung ist sie mit

Schwanz, Entenfüßen und Flügeln zu sehen, ein rechter Wolpertinger. Doch schnell stieß Syrena alle überflüssigen Gliedmaßen ab und zeigt seitdem neben wohl geformten Brüsten nur noch einen schuppigen Fischschwanz, wie es sich für eine Nixe gehört. Zweimal ist sie in Warschau leibhaftig zu sehen: Unten am Weichselufer in einem Standbild, für dessen Gesicht die junge Dichterin Krystyna Krahelska Modell stand, die wenig später im Warschauer Aufstand als Sanitäterin ums Leben kommen sollte. Eine kleinere und zierlichere Syrena von sehr freundlicher Ausstrahlung steht nach vier Umzügen wieder wie vor dem letzten Krieg mitten auf dem Marktplatz in der Altstadt.

Und dann ist da noch eine dritte Frauenfigur, die, wie erschreckend viele Statuen in der Stadt, ebenfalls eine Waffe in Händen hält: die »Warschauer Nike«, die Siegesgöttin, offiziell das »Denkmal der Helden Warschaus 1939–1945«. Dieses furchteinflößende, sozialistisch-realistische Weib, eine sturmzerzauste Frauengestalt, nimmt mit ihrem überdimensionierten Schwert das Syrena-Motiv auf. Doch der Liebling der Warschauer ist sie nicht. Wohl deshalb hat man sie hinter das wiederaufgebaute einstige Rathaus verbannt, wo Fußgänger sie kaum zu Gesicht bekommen.

Dem Warschauer *cwaniak* hat noch niemand ein Denkmal gesetzt, es sei denn, ein literarisches. *cwaniak* (gesprochen: zwanjak) heißt so viel wie Schlitzohr oder Pfiffikus, und an diesen hat es in Warschau, wo Aufsteiger mit steilen oder schrägen Karrieren oft auf korrupte Beamte trafen, nie gemangelt. Stanisław Grzesiuk und Stefan Wiechecki, genannt »Wiech«, waren solche Schlitzohren, aufgewachsen in Arbeitervierteln im Warschau der ersten Jahrhunderthälfte, und vor allem haben sie über andere Schlitzohren geschrieben. Sie sind zwar in vielen Literaturlexika und selbst in den meisten Stadtführern nicht zu finden, doch haben sie ein lebendiges, nicht immer schmeichelhaftes Bild der proletarischen Vorstädte und ihrer Bewohner überliefert. Wiech schrieb in einem heute selten gewordenen Warschauer Jargon und Dialekt, teilweise mit jiddischen Einsprengseln, einem Idiom, das ebenfalls als »Wiech« bekannt ist. Als Feuilletonist und Gerichtsreporter war der Autor in den dreißiger Jahren eine Institution; es hieß, er könne durch eine betrübte Miene die Richter dazu bringen, angeklagten Zechprellern ein milderes Urteil zu gewähren. Mindestens zweitausend wahre Warschauer Geschichten hat er bis zum Kriegsausbruch für die Morgen- und Abendzeitungen aufgeschrieben, etwa in der Rubrik »Wer, wen und weswegen?« In vielen von ihnen ist Alkohol im Spiel. Nicht jedoch in jenen Texten, in denen Juden die Akteure sind – auch davon sind einige hundert überliefert (damals gesammelt erschienen unter Titeln wie »Der koschere Kosake«). So groß war der Ruhm des Autors, dass er selbst in zunehmendem Maß Opfer von *cwaniaks* wurde, die sich als Wiech vorstellten und sich von Restaurantbesitzern und Anzugschneidern kostenlos bedienen ließen.

Stanisław Grzesiuk, der andere *cwaniak*, ist auch als Sänger und Liedermacher hervorgetreten. Sein zum Banjo vorgetragener Schlager »Nie masz cwaniaka nad Warszawiaka« (Es gibt kein größeres Schlitzohr als den Warschauer) erscheint im Rückblick als die Hymne des »Milljöhs«, wie Zille es einst für Berlin beschrieben hatte: Der Rest der Menschheit wird darin eindringlich davor gewarnt, sich mit einem Bewohner der Metropole anzulegen. 1940 wurde Grzesiuk als junger Mann zur Zwangsarbeit nach Deutschland gebracht und kam nach einem Fluchtversuch ins Konzentrationslager. In seinen Erinnerungen an diese Zeit beschreibt er, was dort sein Überlebensprinzip war: »Sich maximal vor der Arbeit zu drücken und Essen zu organisieren, mit einem Wort: sich allen Anordnungen der Lagerleitung zu widersetzen, denn sämtliche Anordnungen hatten nur das Ziel, die Häftlinge möglichst schnell zu vernichten ... Wer überleben wollte, durfte den Tod nicht fürchten.« Grzesiuk überlebte fünf Jahre Dachau und Mauthausen-Gusen und kehrte nach dem Krieg nach Warschau zurück.

Meine verehrten Warschauer Freunde Justyna und Błażej haben mir den *cwaniak* als Typen beschrieben, dem vier Ingredienzien innewohnen: Überlebenskunst, das Talent zu betrügen, Humor und ein besonderes Verständnis von Ehre. Dieser Ehrbegriff umfasst Solidarität mit dem eigenen Clan oder Stadtteil – gegen ferne, übergeordnete Autoritäten, etwa den Staat. Not machte erfinderisch; die Zeit der Unterdrückung ließ, wie überall, den politischen Witz aufblühen, und in Polen zusätzlich das Phänomen des *cwaniak*.

Doch auch in jüngster Zeit ließen sich Vertreter

dieser Gattung entdecken. Etwa der Warschauer Chemiker Mirosław Chojecki, heute Mitte fünfzig, der in den siebziger und achtziger Jahren mit seinem Verlag NOWa zum größten Untergrundverleger des Ostblocks wurde. Ich hoffe, er wird mir verzeihen, dass ich ihn und seine historische Leistung hier unter dem schillernden Stichwort *cwaniak* erwähne. Wenn dieser schnurrbärtige Mann mit funkelnden Augen davon erzählt, wie es ihm und seinen Freunden immer wieder gelang, die Agenten der Staatssicherheit zu observieren und in die Irre zu führen, weiß man am Ende nicht mehr, wer im kommunistischen Polen die Katze war und wer die Maus. Den Verlegern gelang es, etwa Günter Grass' »Blechtrommel« und viele andere Bücher in Auflagen von zwei- bis viertausend Exemplaren konspirativ zu drucken und im Land zu vertreiben, ohne dass die Obrigkeit dahinter kam, wo die Druckmaschinen standen. (Natürlich wurden die konspirativen Wohnungen gelegentlich gewechselt.)

Und heute? Die Geschichte des demokratisch-kapitalistischen, des Transformations-*cwaniak* hat ihren Autor noch nicht gefunden. Doch kürzlich tauchte ein siebzig Jahre alter Stoff aus der Versenkung wieder auf, der zeitlos gültig zu sein scheint: Die »Karriere des Nikodem Dyzma«, ein Roman von Tadeusz Dołęga-Mostowicz, wurde zur Vorlage eines Films und eines Musicals voller aktueller Anspielungen. Der aus dem Nichts kommende Dyzma, ein Hochstapler aus der Halbwelt, findet auf der Straße eine Einladung zu einem Empfang im Warschauer Hotel Europejski, wo er sich etwas danebenbenimmt und daraufhin von allen für eine VIP gehalten wird. Mit Glück, Schlitzohrigkeit und den richtigen Beratern und Speichelleckern um sich herum steigt er immer weiter und weiter, bis ihm in einer politischen Krise das Amt des Premierministers angetragen wird.

Wenn Dyzma ein *cwaniak* war, so war das Element, in dem er so schnell Karriere machen konnte, notwendigerweise die *warszawka*. Dieses Kosewort (»Klein-Warschau«) bezeichnet den Warschauer Klüngel, die snobistische Szene der Stadt, über die allerhand abenteuerliche Behauptungen in Umlauf sind und von der man unterm Strich nur zweierlei weiß: Das Etikett »Warszawka« tragen möchte niemand, dazugehören wollen alle. In diesem Klüngel mischen sich Politik und *biznes*, *showbiznes* und Kultur, alter Adel und neue Reiche. Das Tanzen auf mehr oder weniger rauschenden Bällen, Tennis und Reiten im Umland, Skifahren im Ausland gehören zur Freizeitbeschäftigung der *warszawka*. Außerdem, wie das Staatsoberhaupt nicht ohne Grund seufzte, das Weitertratschen von Gerüchten. Doch was das Aufkreuzen der Politiker auf den Happenings der *warszawka* betrifft, scheint sich nach den jüngsten Affären und von den Medien ans Licht gebrachten Fällen von Korruption und Vetternwirtschaft etwas geändert zu haben. Der Rechtsanwalt und Polo-Spieler Aleksander Pociej, Jahrgang 1965, selbst Angehöriger der *warszawka*, auch wenn er es abstreitet, hat das treffend beobachtet: »Die Politiker sind wie weggeblasen. Sie stehen so sehr am Pranger, wenn sie an denselben

Orten auftauchen wie die Unternehmer, dass sie inzwischen ihre Ehefrauen vorschicken.« So groß ist heute die Angst, in den nächsten Affärenfettnapf zu treten.

Wer jetzt glaubt, Syrena sei an der Weichsel die einzige unbescholtene Person, der irrt allerdings. Zur Ehrenrettung ist noch etwas nachzutragen. In Prag wird man heute auf Schritt und Tritt vor betrügerischen Taxifahrern gewarnt; in Budapest vor hübschen Mädchen, die in der Fußgängerzone fremde Männer ansprechen, sich von ihnen zu Drinks einladen lassen und plötzlich verschwinden, wenn der Kellner eine um zwei Nullen erweiterte Rechnung präsentiert. Beide Phänomene sind in Warschau noch nicht beobachtet worden. Im Gegenteil, ich habe oft erlebt, dass ein Taxifahrer weniger von mir verlangte, als auf seinem Taxameter stand, dass er den Fahrpreis nicht auf-, sondern kräftig abrundete. Was soll man davon halten? Misstrauen gegenüber der Technik? Menschlichkeit gar, Solidarität, der erwähnte Ehrbegriff? Der Warschauer *cwaniak* ist eben immer für eine Überraschung gut.

»Die Engel der Erde«

Dichtung und Wahrheit über Polens »Weiber«

»Wie es ist, in Polen Frau zu sein? Hoffnungslos!!« Agnieszka muss nicht lange überlegen. Diese patriarchalischen Strukturen, seufzt sie. Im Großen und Ganzen sei die Lage wirklich ohne Hoffnung. Sich selbst allerdings möchte sie von diesem Urteil ausgenommen wissen. Sie hat das Gefühl, ihr eigenes Leben in der Hand zu haben. Ist sie das, was auf neupolnisch *bizneswoman* heißt? »Nein, das ist so ein Slogan, so fühle ich mich nicht. Aber die Arbeit hat mich schon sehr reingezogen. Ich kann mich vielseitig entwickeln. Ich bin sehr zufrieden.«

Agnieszka (polnisch für Agnes) und ihr älterer Bruder Marcin haben ihre Kindheit in der ostpolnischen Großstadt Lublin verbracht. Dann zogen die Eltern, die selbst noch vom Dorf stammten, weiter in die Hauptstadt. Gelegentlich hat man in Warschau, dieser Stadt der Zugereisten, den Eindruck, jeder Zweite sei hier aus Lublin. Die »Ostwand«, die ländlichen Gebiete entlang der Ostgrenze, sind bis heute ein unerschöpfliches Menschenreservoir. Agnieszka und Marcin machten in Warschau Abitur; sie studierte Soziologie, er Wirtschaft. Freiwillige Workcamps während der achtziger Jahre in den Niederlanden, irgendwie alles non-profit, aber mit einem Taschengeld in harter Währung, waren für beide die ersten

Westreisen. »Dort hat mein Bruder, der schon als Schüler ein Restaurant eröffnen wollte, festgestellt: Überall gibt es China-Restaurants, nur bei uns nicht.«

Dann ging alles ganz schnell. Der Niedergang des Kommunismus war der Aufgang einer neuen Gastronomie. »Marcin hat zusammen mit einem Vietnamesen 1988 ein Lokal gemietet und dort wenig später das Mekong eröffnet. Ich war damals 22 und wurde erst Kellnerin, dann die Managerin.« Es folgten die Trattoria Chianti, die griechischen Tavernen Meltemi und Santorini, ein spanisches Restaurant und das mexikanische El Popo. Dort sitzen wir gerade, mit Blick auf die Oper und das alte (erst kürzlich wiederaufgebaute) Rathaus, zwischen Kakteen und unter farbenfrohen Papp-Papageien aus Mexiko. Fast alle Tische sind besetzt, manche von englisch sprechenden »Ex-Pats« (Ex-Patriots, wie manche der auf einen Auslandsposten »verbannten« Yuppies sich auch hier titulieren). Die Kellnerinnen, die zufällig alle nebenbei Soziologie oder Wirtschaft studieren, eilen hin und her. Salsa-Musik erfüllt den Raum; nach der Wende hatte sie ein dänischer Tanzlehrer an der Weichsel propagiert, doch längst hat sie Wurzeln geschlagen.

Heute sind Agnieszka und Marcin Partner in ihrem Unternehmen, dem sie den Namen »Siesta« gegeben haben. Sie sind die Chefs von mehr als 120 Beschäftigten. Erst vor zwei Jahren haben sich Agnieszka und ihr Mann Piotr, der zuvor in Łódź an der Filmhochschule studierte, für Kinder entschieden. Damit liegen sie ganz im Trend der neuen Zeit, wonach man in Polen nicht mehr nach dem zwanzigsten, sondern in der Nähe des dreißigsten Geburtstags Vater oder Mutter wird. Im grünen Villenviertel Świder haben sie sich ein geräumiges Haus gebaut. Es ist aus Holz und folgt dem im 19. Jahrhundert hier am Stadtrand geprägten, im Namen an Biedermeier anklingenden »Świdermajer«-Stil, der an die rustikale Architektur des Karpatenvorlands erinnert. Und das ist noch nicht das Ende der Fahnenstange. Die rastlose Agnieszka plant voraus: »Ich dachte eigentlich, die polnische Landwirtschaft sei hoffnungslos. Sicher wird das internationale Kapital sie bald platt machen. Aber jetzt sehe ich, dass unsere kleinen Bauernhöfe viel gesünder sind. Wir wollen auch in die Landwirtschaft: Wir suchen jetzt in Südpolen Land für Weinberge. Das Klima wird immer wärmer, das macht es möglich! Wenn ich mal alt bin, will ich Weinbauer sein!«

Von der Soziologie zur Gastronomie: ein typischer Warschauer Lebenslauf. Was in anderen Ländern als verkrachte Existenz gelten würde, gilt hier als Verkörperung eines zupackenden Realismus. Die Zickzack-Karriere, die Patchwork-Biografie sind nach 1989 Massenerscheinungen geworden. Auch der Zweit- oder Drittjob ist für viele immer noch eine finanzielle Notwendigkeit. Das Leben ist alles andere als ein langsamer, ruhiger Fluss. Die Explosion der Studenten- und vor allem der Studentinnenzahl wird dazu beitragen, dass sich auch in Zukunft Zehntausende umqualifizieren müssen. Ganz im Sinne der Fernsehserie »Czterdziestolatek« (Der Vierzigjährige), in der die energische Irena Kwiatkowska in jeder Folge einen anderen Beruf ausübt. Ihr Motto: »Ich bin eine berufstätige Frau, ich habe vor keiner Arbeit Angst.«

Der erste Autor deutscher Zunge, der sich ausführlich mit den polnischen Frauen beschäftigte, war noch zu ganz anderen Eindrücken gekommen. Die Rede ist von Heinrich Heine, der 1823 seinen Reisebericht »Über Polen« veröffentlichte. Aniela, eine junge, ebenso hübsche wie sympathische Deutschlehrerin, hat mich in Warschau als Erste mit seinem Text bekannt gemacht und mir unter begeistertem, prustendem Lachen daraus vorgelesen. »Diesen Bericht *musst* du kennen!« Die Lektüre ist in der Tat amüsant, selbst wenn man noch nie eine Polin zu Gesicht bekommen haben sollte. Als Heine sich nach der Erörterung des anarchischen polnischen Freiheitsbegriffs diesem Thema nähert, fordert er seine Leser auf: »Jetzt aber knien Sie nieder, oder wenigstens ziehen Sie den Hut ab – ich spreche von Polens Weibern.«

Unendlich verschieden, stellt der Dichter fest, seien die Polinnen von den deutschen Frauen. »Hätte ich den Pinsel Raffaels, die Melodien Mozarts und die Sprache Calderons, so gelänge es mir vielleicht, Ihnen ein Gefühl in die Brust zu zaubern, das Sie empfinden würden, wenn eine wahre Polin, eine Weichsel-Aphrodite, vor Ihren hochbegnadigten Augen leibhaftig erschiene. Aber was sind raffaelsche Farbenkleckse gegen diese Altarbilder der Schönheit, die der lebendige Gott in seinen heitersten Stunden fröhlich hingezeichnet! Was sind mozartsche Klimpereien gegen die Worte, die gefüllten Bonbons für die Seele, die aus den Rosenlippen dieser Süßen hervorquellen! Was sind alle calderonischen Sterne der Erde und Blumen des Himmels gegen diese Holden, die ich ebenfalls, auf gut calderonisch, Engel der Erde benamse, weil ich die Engel selbst Polinnen des Himmels nenne!«

Von leichtem Sinn seien die Polinnen, mit leichten Sitten und dem leichten französischen Ton (samt entsprechenden Sprachkenntnissen) behaftet. Schön seien sie außerdem. Und »in Hinsicht der Liebenswürdigkeit« seien Polinnen und Deutsche eigentlich gar nicht zu vergleichen. »Wer will eine Venus von Tizian über eine Maria von Correggio setzen? (...) Zu einer Reise durch Spanien, Frankreich und Italien wünschte ich eine Polin zur Begleiterin; zu einer Reise durch das Leben wünschte ich eine Deutsche. Muster von Häuslichkeit, Kindererziehung, frommer Demut und allen jenen stillen Tugenden der deutschen Frauen wird man wenige unter den Polinnen finden.« Auch das religiöse Gefühl sieht Heine bei den Deutschen stärker und ernster ausgeprägt als bei den heiter-kindgleichen polnischen Frauen. Doch zum Schluss schränkt Heine ein, die im Ausland bekannten »Ausschweifungen einiger polnischer Magnatenweiber« seien keineswegs repräsentativ: »Glauben Sie mir, man ist in Warschau um nichts weniger tugendhaft wie in Berlin, nur dass die Wogen der Weichsel etwas wilder brausen als die stillen Wasser der seichten Spree.«

Ganz anders als der reiselustige Dichter prägte sein polnischer Kollege und Zeitgenosse Adam Mickiewicz das Frauenbild seines Landes. In seinem Gedicht »Do matki Polki« (An die polnische Mutter) besingt, nein, beklagt er das Verhängnis dieser Frau, Söhne aufzuziehen, die dann stets auf dem Altar des Vaterlandes geopfert würden. Mickiewicz schrieb das Gedicht am Vorabend des gegen Russland gerichteten Novemberaufstands von 1830. Die *matka Polka* entfaltete seitdem, wie so manche literarische Figur in Polen, ein beeindruckendes Eigenleben. Noch hundertfünfzig Jahre später erhielt ein neues, großes Krankenhaus offiziell den Namen »Szpital-pomnik matki Polki«, »Denkmal der matka Polka«.

Die Erwartungen an die ideale *matka Polka* waren erdrückend. Da der polnische Staat nicht existierte, fielen dessen kulturelle und erzieherische Funktionen großenteils der Familie zu. Und da die Männer (zumindest die mutigen und tollkühnen unter ihnen) mit der Waffe kämpften, in Haft oder sibirischer Verbannung waren, mussten sich die Frauen dieser Aufgaben annehmen. Da haben wir die tragisch-heroische *matka Polka*: aufopferungsvolle Mutter und zugleich auch Mutter der Nation. Selbst die kinderlose Rosa Luxemburg, die in Warschau unter dem Zaren das Gymnasium besuchte und nach langer Wanderschaft durch Europa pünktlich zur Revolution von 1905 hier wieder auftauchte, war in gewisser Hinsicht eine *matka Polka*.

Im Zweiten Weltkrieg trat diese Frauengestalt noch einmal auf den Plan. Um wieder Miron

Białoszewski zu zitieren, den Chronisten der Bunkerexistenz während des Warschauer Aufstands: »In Kriegszeiten gibt es wohl immer eine Rückkehr zum Matriarchat. (…) Kellermatriarchat? Höhlenmatriarchat? Das macht keinen Unterschied. Haufen von Menschen. Die Mütter regieren. Sitzen unter der Erde. Geh in Deckung! Steck den Kopf nicht raus!«

Dann kam die Zeit der Volksrepublik. Bald stellten Frauen fast die Hälfte aller Berufstätigen, wenngleich nur selten die Führungskräfte. Das neue Regime schaffte es, die Frauen auf die Traktoren zu setzen. Doch es scheiterte an der Rollenverteilung im Haushalt. In aller Regel blieb es für die Frau bei der Doppelbelastung. Gewiss, damals konnte man im Arbeitsleben ein bisschen Schlendrian walten lassen. Dafür waren die Besorgungen nach (oder während) der Arbeitszeit ein echtes Problem. Warum, fragte der Warschauer Satiriker Ogórek, haben die polnischen Frauen die längsten Arme? Weil sie ständig volle Einkaufstaschen und -netze durch die Stadt schleppen, gefüllt mit glücklich ergatterter Mangelware.

Die Frau in Polen, nur selten als das »schwache«, meist (mit Recht) als das »schöne« Geschlecht bezeichnet, war stets mehr als Nur-Hausfrau. Gedankt wurde ihr die Aufopferung mit einer adelig-romantischen Geste, die bis in die Gegenwart überlebt hat, auch wenn sie unter Jugendlichen selten geworden ist: dem Handkuss, der in seiner polnischen Ausfertigung ruhig ein wenig schmatzen darf. Damit nicht genug der galanten Gesten. Man bringt der Frau Blumen, man hilft ihr in den Mantel, man lässt ihr an der Tür den Vortritt. Wenn Polinnen in Ländern zu Besuch sind, in denen diese Art der Höflichkeit als chauvinistisches Relikt verpönt ist, kommt es beim Betreten von Fahrstühlen regelmäßig zu Kollisionen zwischen polnischen Frauen und einheimischen Männern. Zusammenstöße gibt es auch, wenn man als Mann bei einer Polin zu Besuch ist und glaubt, in der Küche helfen zu können oder zu sollen. Oft genug bekommt man von der Gastgeberin zu hören: »Das hier ist meine Domäne.« Bestenfalls für einfache Handlangerdienste werden die Herren der Schöpfung eingespannt; mitentscheiden dürfen sie nicht.

Weibliche Fürsorglichkeit, gepaart mit slawischer Gastfreundschaft, lassen in dieser Lage jeden Widerstand zwecklos erscheinen. Von Gewaltanwendung ist abzuraten. Schließlich heißt es im Polnischen: Eine Frau darf man nicht mal mit einer Blume schlagen (geschweige denn mit dem Kochlöffel). Leider halten sich nicht alle polnischen Männer daran. Gewalt in der Familie ist in Polen eines der neuen Themen der letzten Jahre.

Und was tun die Frauen, um ihre Lage, angefangen bei der Doppelbelastung, zu verbessern? Die Männer umzuerziehen sei ein hoffnungsloses Unterfangen, heißt es immer wieder. Frauenorganisationen haben in Polen in den letzten Jahrzehnten immer nur kleine Gruppen an sich binden können. Feministinnen stoßen zumeist auf Skepsis, auch bei Frauen. Und wenn ein Thema die Frauen mobilisierte, so waren es nicht die 56,5 Prozent Frauen unter den Langzeitarbeitslosen, auch nicht die Gehaltsunterschiede, sondern der nicht enden wollende Streit um die Abtreibung.

Dabei sollte auch die gar nicht so geringe Zahl höchst erfolgreicher Frauen nicht vergessen werden. In den letzten Jahren hatte Polen eine Premierministerin, eine Notenbankchefin, eine Arbeitgeberpräsidentin, für die EU-Kommission ist eine Frau nominiert – welches Land kann da mithalten? Seit dem Jahr 2003 hat das Land – ein mittleres Medienereignis – auch die erste, evangelisch-reformierte Pfarrerin. 37 Prozent der Unternehmer in Polen sind weiblich, angeblich mehr als in jedem anderen Land Europas. Und unter den Frauen sind Personen mit mittlerer und höherer Bildung überrepräsentiert (45 Prozent gegenüber 37 Prozent bei den Männern).

Ob mit Abitur (polnisch: *matura*) oder ohne, die meisten Frauen schminken sich nach wie vor die Lippen. »Je kleiner die Stadt, desto röter«, hat die Feministin Sławomira Walczewska festgestellt. Die meisten Polinnen erwarten auch weiterhin, den Fahrstuhl als Erste betreten zu dürfen. »Theatralische Gesten«, klagt Walczewska, »sie ändern nichts an den tatsächlichen Beziehungen zwischen den Geschlechtern.« Doch siehe da, viele Männer im Ausland haben für diese Gestensprache offenbar einen Sinn. In Deutschland jedenfalls werden zehnmal mehr deutsch-polnische als deutsch-französische Ehen geschlossen; seit den achtziger Jahren waren es mehr als hunderttausend, die Mehrheit zwischen deutschen Männern und polnischen Frauen. Manche davon wurden von spezialisierten Eheanbahnungsinstituten vermittelt. In einer Fernsehreportage über eine solcherart gestiftete Verbindung sagte der bayerische Heiratswillige kurz und bündig, warum die Polinnen sein Vertrauen genießen: »Polinnen sind treu.« Da könnte etwas dran sein – auch wenn Agnieszka das Bild der opferbereiten *matka Polka* heute nur noch lächerlich findet.

Noch ist sie nicht verloren

Ein Deutscher sucht Polens Nationalhymne

Das Kapitel ist bekannt: Das Land an der Weichsel hat im Zweiten Weltkrieg schwerste Verluste an Kulturgütern erlitten. Ganze Bibliotheken wurden vernichtet, tausende von Kirchenglocken außer Landes geschafft, Werke von Dürer und Raffael geraubt. Was wiegt da ein vergilbtes Stück Papier? Es wiegt schwer: Gesucht wird die polnische Nationalhymne, die mit den Worten beginnt: »Noch ist Polen nicht verloren«.

Józef Wybicki, Soldat in Napoleons polnischen Legionen, hatte den Text 1797 in Italien geschrieben. Von den zwei Exemplaren, die er hinterließ, gelangte eines später in die Nationalbibliothek in Warschau. Als der Warschauer Aufstand niedergeschlagen wurde, gingen deren Bestände in Flammen auf. Das andere Exemplar blieb über Generationen in Privatbesitz und lag so zuletzt in einer Schublade bei Wybickis Erben, bei der Familie von Roznowski in Berlin. In Preußen geadelt und germanisiert, wussten die Nachfahren des Autors mit dessen Papieren nicht viel anzufangen. Als ihr Haus 1943 bombardiert wurde, deponierte Johannes von Roznowski mit Hilfe eines Freundes im Reichsbankdirektorium seine Familiendokumente im Tieftresor der Reichsbank in Berlin-Mitte, ehe er angesichts der nahenden Niederlage Deutschlands Selbstmord beging.

In den siebziger Jahren nahm Jan Nowak-Jezioranski die Spur wieder auf. Der legendäre »Kurier aus Warschau«, der während des Krieges zwischen London und Polen gependelt war, war damals Chef des polnischen Dienstes bei *Radio Free Europe* in München. Heute lebt er, munter wie eh und je, wieder in Warschau. Erst seine Anzeige in einer Berliner Zeitung machte Thomas von Roznowski, der heute in Bochum wohnt, auf das verschüttete Erbe aufmerksam. Der Ingenieur im Ruhestand hat seitdem alle Hebel in Bewegung gesetzt. Waren die Papiere im Gebäude der Reichsbank geblieben, das bald darauf Sitz des SED-Zentralkomitees und später des Auswärtigen Amtes wurde? Waren sie im Besitz der Bundesbank? Lagen sie im Karton mit der Aufschrift »Evacuation of the Reichsbank, Berlin«, den Roznowskis Sohn in einem Archiv in Maryland entdeckte?

Fehlanzeige. So bleibt als wahrscheinlichste Möglichkeit, dass sowjetische Soldaten die Papiere aus dem 1945 besetzten Gebäude nach Moskau gebracht haben. Roznowski schrieb an Präsident Putin und alle möglichen russischen Archivare. Antwort: »Der Autograf wurde nicht gefunden.«

Nowak-Jezioranski gibt die Hoffnung nicht auf: »Russlands Archive sind unergründlich. Wir müssen weiter suchen.« Auch Familie Roznowski hofft: »Wir würden das Dokument so gerne den Polen zukommen lassen. Und zwar allen, denn es gehört schließlich dem ganzen Volk!« Wer weiß: Vielleicht stößt ja eines Tages ein Berliner Antiquitätenhändler darauf. Dann wäre der Augenblick gekommen für ein wunderbares Tauschgeschäft: »Noch ist Polen nicht verloren« würde nach Warschau zurückkehren – und im Gegenzug »Deutschland, Deutschland über alles«, Hoffmann von Fallerslebens Autograf des Deutschlandlieds, das in der Krakauer Jagiellonen-Bibliothek liegt, nach Berlin.

»Don't call me baby«

Der Pole und sein Auto

Polens Fenster nach Europa hatte einen Namen: *Fjatt*. So sprechen die Warschauer den Namen einer Automarke aus, die in Italien ihren Anfang genommen hat. Der Fiat war seit den siebziger Jahren in zweifacher Hinsicht das Fenster nach Europa. Zum einen war er fahrbarer Untersatz für Millionen Reisende; zum anderen verkörperte er als polnisches Lizenzprodukt mit italienischen Papieren die Tatsache, dass Europa auch damals nicht am Eisernen Vorhang endete.

Was der Trabi für die DDR-Bürger war, ist der kleine Fiat 126p für die Polen gewesen: das erste Auto der Nation. Gut 27 Jahre lang rollte der *maluch*, der Knirps, wie er genannt wird, vom Band, mehr als drei Millionen Mal. Aber wenn wir, ganz im Sinne des sozialistischen Wettbewerbs, die beiden Kleingefährte noch einmal genauer betrachten, entdecken wir wesentliche Unterschiede. Der *Fiat polski* war, wie gesagt, ein Produkt auf westliche Lizenz; nur Monate nach dem Fertigungsbeginn in Cassino wurden 1973 auch im oberschlesischen Tychy die ersten Fiats zusammengebaut (zunächst aus italienischen Teilen). Später exportierten die Polen ihren *maluch* auch ins »nichtsozialistische Währungsgebiet«, wo der kleine Fiat seit 1980 nicht mehr hergestellt wurde. Seit 1996 fuhr der *maluch* mit Katalysator. Außerdem war er, wie es sich für ein Auto gehört, tatsächlich aus Metall. Kurz und gut, im Gegensatz zum autarken Arbeiter- und Bauernprodukt aus Deutschland kam der Knirps dem von beiden beanspruchten »Weltniveau« um eine Stoßstangenlänge näher.

Und noch ein Unterschied: Lange vor 1989 durfte der Knirps gen Westen fahren – die liberale polnische Reisepolitik machte es möglich. Unvergessen sind die schwer beladenen Fiats, Dachgepäckträger auf Rädern, die ächzend über Europas Autobahnen hoppelten. Doch der Drang in die Weite und nach Westen hatte seinen Preis, von dem in unzähligen Witzen die Rede ist. »Warum ist der Motor im *maluch* nicht schallgedämpft? Antwort: Weil man ohnehin die Ohren zwischen den Knien hat.« Komfort, Ökologie und Aerodynamik kamen eindeutig zu kurz, könnte man aus der Perspektive des Nachgeborenen sagen. Aber das wäre unhistorisch, denn es ging den vergleichsweise spendablen Parteibonzen der siebziger Jahre vor allem darum, die Polen auf damaligem Niveau davon zu überzeugen, dass Sozialismus und Wohlstand einander nicht ausschließen.

So ganz ist das allerdings, wenn wir das unsozialistische Kriterium der Nachfrage zugrunde legen, nicht gelungen. Die Zahl der Fiat-Interessenten war immer größer als das Angebot, die geweckten Hoffnungen reichten weiter als ihre planwirtschaftliche Befriedigung. So hat der *Fiat polski* – betrachten wir es dialektisch – selbst durch den Mangel mitgeholfen, die Polen vom

Sozialismus in die Marktwirtschaft zu befördern. Zugleich soll er den besonderen Segen der katholischen Kirche besessen haben. Denn wer im *maluch* sitzt, so ein weiterer Witz, der kann einfach nicht sündigen.

Zu literarischem Ruhm gelangte der *maluch* in einem Roman von Paweł Huelle, einer polnischen Familiengeschichte unter besonderer Berücksichtigung des Automobils. Auf dass er sich besser verkaufe, bekam der Roman den Titel »Mercedes-Benz« verpasst – die Firma DaimlerChrysler dankte es dem Verlag mit einer Reihe von Werbeaktionen. In diesem amüsanten Buch schildert der Erzähler unter anderem seine Fahrstunden in einem *maluch* in den neunziger Jahren. Das gewagteste Manöver war, wenn er nicht mehr weiter wusste, der fliegende Platzwechsel mit seiner zum Glück sehr schlanken Fahrlehrerin. Bei geschlossenen Türen wohlgemerkt.

Fast gleichzeitig mit seinem Eintritt in die Welt der Literatur im Jahr 2000 begann der Anfang vom Ende des realen *maluch*. In Oberschlesien rollte das letzte Exemplar vom Band. Doch Polen und Fiat wahren einander die Treue: Polen, indem seine Bürger nach wie vor mehrheitlich, zuletzt waren es 18 Prozent, diese Marke kaufen, heute vor allem den Seicento. Fiat, indem der Konzern beschlossen hat, den 2003 vorgestellten neuen Panda ausschließlich in Oberschlesien zu produzieren. Er ist schon jetzt zu haben, in der billigsten Ausführung für 26.900 Złoty (Ende 2003 waren das sechstausend Euro) – also für ein durchschnittliches polnisches Jahresgehalt. Die Firma arbeitet in Polen hart daran, das Knirps-Image des Panda loszuwerden, und setzt dabei auf den Song »Don't call me baby«.

Nach Fiat haben sich Škoda und Toyota in der Verkaufsstatistik auf die Plätze zwei und drei vorgearbeitet (zwölf beziehungsweise elf Prozent). Toyota führe auf dem polnischen Markt einen »Blitzkrieg«, schreiben die Zeitungen. Noch im Jahr 1997 hatten die Japaner gerade einmal bei zwei Prozent der verkauften Neuwagen gelegen. Dann verfielen sie auf eine geniale Idee: Sie warben in Anzeigen mit Prüfergebnissen aus Deutschland, das viele Polen, was Autos betrifft, immer noch als Hort der Solidität betrachten. Diesen Ergebnissen zufolge sind etliche Toyota-Modelle robuster und weniger problemanfällig als die besten deutschen Marken. Die Anzeigen waren in Fraktur auf Deutsch überschrieben mit den imaginierten Flüchen deutscher Hersteller: »Verflucht!« »Donnerwetter!« Des einen Fluch ist des anderen Freud – die Rechnung ging auf. Bei seinem langen Marsch an die Weltspitze ist Toyota zumindest an der Weichsel einen großen Schritt weiter. Und Lech Wałęsas Wunsch, Polen solle ein »zweites Japan« werden, rückt zumindest in dieser Hinsicht seiner Verwirklichung näher.

Die Autodiebe des Landes halten – wie die Polen insgesamt – dem Fiat die Treue; da er so oft vorhanden ist, wird er auch am häufigsten gestohlen. Daneben stehen die Diebe, die ihre größte Aktivität in der mit Autos reich gesegneten Hauptstadt entfalten, vor allem auf deutsche Marken. Ein Teil der Beute wird weiter nach Osten verschoben, wo deutsche Wagen ebenfalls gefragt sind. Die Robustheit des Toyotas dagegen scheint für sie und ihre Kunden eine untergeordnete Rolle zu spielen. Dabei ist in diesem Land Robustheit im Straßenverkehr von großer Bedeutung. Im täglichen Kampf mit den zwei gefährlichsten Gegnern des polnischen Autofahrers, den Straßen und den anderen Fahrern, ist sie geradezu überlebenswichtig. Denn der Zustand der Straßen in Polen ist ein Trauerspiel. Die Leistungen der Fahrer sind ein atemberaubendes Schauspiel.

Zunächst zu den objektiven Gegebenheiten. Man fahre einmal von Warschau nach Südwesten, etwa in Richtung der auf die grüne Wiese gesetzten Einkaufs-City Janki. Der polnische Asphalt erinnert hier (und nicht nur hier) an ein faltiges Gesicht. Vor Ampeln ist er quer zur Fahrtrichtung von Runzeln durchzogen, ein durch die Bremsvorgänge entstandener Faltenwurf. Weiter außerhalb ist diese Ausfallstraße (und nicht nur diese) von langen Furchen gezeichnet, die es zwar erleichtern, die Spur zu halten, doch jeden Spurwechsel zu einem Risiko machen. Schlaglöcher sind nicht das Hauptproblem, doch die vielen Narben im Belag, stumme Zeugen ganzer Generationen von Straßenflickwerk, machen die Reise zu einer holprigen Veranstaltung. (Wird sich das ändern? Auch hier das Grunddilemma Polens: Zu vieles muss neu gebaut werden, als dass man sich um die Reparatur des Alten kümmern könnte.)

Wenn dann die Fernsehsprecherin, alljährlich im Oktober oder November, mit treuherzigem Augenaufschlag verkündet, der Winter habe

»Tausende von Autofahrern unangenehm überrascht«, wird die Lage auf den Straßen noch schlechter. Die Bremswege werden nicht kürzer; für die vielen, die sich Winterreifen nicht leisten können oder wollen, werden sie, Gott sei es geklagt, länger. Der Winter ist lang und finster in Warschau, zumal es hier, am östlichen Rand der mitteleuropäischen Zeitzone, schon um vier Uhr dunkel ist. Und wenn der Schnee eines Tages wieder weg ist, sind die Narben im Straßenbelag tiefer als je zuvor. Nicht zu vergessen die Pfützen! Die »Kunst« des Kanal- und Straßenbaus im Sozialismus hat dafür gesorgt, dass jede Stadt in Mittel- und Osteuropa mit Pfützen reichlich gesegnet ist. Auf den Bürgersteigen machen sie den Fußgängern das Leben schwer. Auf den Straßen sind sie oft so groß und tief, dass zügiges Durchfahren meterlange Fontänen nach sich zieht, die auf dem Bürgersteig oder auf dem Fahrzeug daneben niedergehen. Grundsätzlich gilt in diesem Teil der Welt die Faustregel: Je weiter nach Osten, desto größer und tiefer die Pfützen.

Kommen wir zum subjektiven Faktor. Den rauen äußeren Bedingungen entsprechen ähnlich raue Fahrer. Es ist müßig, darüber zu spekulieren, was von beidem zuerst da war oder ob die EU-Standards beim Straßenbelag eines Tages auch ein EU-kompatibles Fahrverhalten nach sich ziehen werden. Die polnischen Autofahrer haben es immer eilig und drängeln sich deshalb stets auf der linken Fahrspur (obwohl man auch rechts überholen darf). Mit dem Ergebnis, dass man auf der rechten Seite in aller Regel schneller vorankommt.

Angaben über zulässige Höchstgeschwindigkeiten in der Stadt multiplizieren viele – ohne Übertreibung! – gern mit dem Faktor zwei. Blinken erscheint den meisten Fahrern überflüssig; vielleicht fürchten sie bei übermäßiger Anwendung des Blinkers den Verschleiß der Glühbirnen. Wenn überhaupt, gönnt man den Verkehrsteilnehmern um sich herum ein einziges kurzes Blinksignal, nachdem der Spurwechsel bereits begonnen hat. Gerne telefoniert man im Auto, doch die gesetzlich vorgeschriebene Freisprechanlage kann oder will sich niemand leisten. Immerhin erstaunlich, dass die polnischen Großstadt-Rennfahrer wenigstens eine Vorschrift brav befolgen: Das Verbot, ohne triftigen Grund die Hupe zu betätigen. So ist der Warschauer Stadtverkehr bei all seiner Hektik eine erstaunlich leise Angelegenheit.

Raue Straßen und raue Fahrer haben eine traurige Folge: sechstausend Tote pro Jahr. Das ist, pro zugelassenes Fahrzeug gerechnet, ein Vielfaches der Verkehrstoten in Deutschland, von der gemächlichen Schweiz ganz zu schweigen. Sechstausend Tote! Wenn dann der Verkehrspolizist am Unfallort erklären soll, was die Ursache war, breitet er oft ratlos die Arme aus und stößt das Wort *brawura* hervor. Die bravouröse, polnisch-kühne Fahrweise. Überflüssig zu sagen, dass der Zebrastreifen in Polen nicht der Ort ist, wo die Autofahrer geduldig warten, bis die Fußgänger vorübergegangen sind – hier ist es umgekehrt. Hält man dennoch an, erntet man von den Zweibeinern abwartende, misstrauische Blicke und schließlich, wenn sie sich vom guten Willen des Fahrers überzeugt haben, ein demütig-dankbares Nicken oder Winken.

Sonstige Verkehrsmittel? Wer bei Polen an die *furmanka* denkt, das Pferdefuhrwerk, sitzt inzwischen auf dem falschen Dampfer. Eine Autofahrt von Warschau nach Nordwesten, bei der ich die landwirtschaftlichen Nutzfahrzeuge zählte, erbrachte auf vierhundert Kilometern zwanzig Traktoren und – schade eigentlich – nur drei Pferdewagen. Die Stadt Warschau schließlich kann sich rühmen, das sauberste und in jeder Hinsicht sicherste Verkehrsmittel in Dienst genommen zu haben: die Metro. In den dreißiger Jahren geplant, 1982 endlich beschlossen, 1995 mit einem ersten Streckenabschnitt eröffnet, wirkt die blitzsaubere, raucherfeindliche und kundenfreundliche Untergrundbahn wie ein Implantat von einem anderen Stern. Lange war es eine halbe, inzwischen kann von einer zu drei Vierteln fertig gebauten U-Bahn-Linie gesprochen werden, die ihre Passagiere aus der Stadt bis zum beliebten Wald von Kabaty bringt. Irgendwann soll eine zweite Linie dazukommen, welche die Weichsel unterqueren müsste.

Ein weiteres Hoffnungszeichen ist, dass immer mehr Warschauer es schick finden, sich Fahrräder anschaffen. Mit Vorliebe teure Mountainbikes. Doch wozu? Um die unebenen Straßen besser zu beherrschen? Wohl kaum. Das Fahrrad ist mehr Freizeitgegenstand als Fortbewegungsmittel. Der Warschauer fährt Fahrrad vor allem in Hain und Flur. Auf die Straßen, auf *diese* Straßen wagt er sich nicht mit seinem teuren Gefährt. Diesen Job überlässt er seinem *maluch*.

Essen, damit man was trinken kann

Der lange Marsch vom Wodka zum Bier

Wie verbringt man am besten den Abend? »Essen, damit man was trinken kann. Trinken, damit man gut tanzen kann. Tanzen, damit man was essen kann. Und feiern, als wär's das letzte Mal!« In der Mischung von Ausgelassenheit und Fatalismus ein sehr polnisches Rezept. Die inzwischen in Berlin lebende Chanson-Sängerin Celina Muza, die es weitergab, verkündete es als alte Weisheit von polnischem Heimatboden. In der Tat: Sind in Polen Freunde oder Bekannte beieinander, geht das Rezept voll auf. Doch mit fremden Leuten in der Kneipe wird der Pole nur langsam warm. Steffen Möller, der Kabarettist, der aus Berlin nach Warschau übersiedelte und hier zum Kleinkunstbühnen- und Seifenopern-Star avancierte, hat das gut beobachtet. In seinem in fast perfektem Polnisch vorgetragenen Programm in der Kellerkneipe Harenda höhnte er unter dem Beifall des Publikums: »Ihr wollt die Italiener des Nordens sein?? Wenn der Pole in die Kneipe geht, hält er sich bis zehn Uhr schweigend an seinem Bierglas fest, ehe er den Mund aufmacht. Ihr seid die Autisten des Nordens!«

Doch dazu hat man Freunde, dazu gibt es die sprichwörtliche slawische Gastfreundschaft, dass man Gelegenheiten schafft zum Feiern und (manchmal mit sanftem Zwang) zum Trinken.

Das Thema hat freilich eine Schattenseite: Allzu viele Polen erleben beim Alkoholgenuss tatsächlich das »letzte Mal«. Besonders dann, wenn die Jahreszeit ihren Teil dazu beiträgt. Im strengen Winter 2001/2002 erfroren in wenigen Wochen mehr als zweihundert Menschen, viele davon, wie jedes Jahr, nachdem sie dem Alkohol zugesprochen hatten und auf dem Heimweg in eine Schneewehe gefallen waren.

Nicht nur das »letzte Mal«, auch das »erste Mal« ist Anlass zur Sorge. Die Jugendlichen beginnen immer früher zu trinken. Im Warschauer Stadtteil Mokotów, einem gewachsenen Viertel mit alter Bausubstanz, in dem man gerne wohnt, geben seit 1984 durchgeführte Untersuchungen ein genaues Bild der Lage: Vor der Wende hatten 22 Prozent der Jungen und 30 Prozent der Mädchen im Alter von fünfzehn Jahren noch nie ein alkoholisches Getränk gekostet. In den letzten Jahren bewegen sich diese Zahlen bei zehn Prozent. Die neueste Untersuchung ergab weiter, dass 39 Prozent der Jungen im Lauf des letzten Monats betrunken gewesen waren, bei Mädchen um die Hälfte weniger.

Kein Grund zur Freude also, sagt auch Jerzy Mellibruda, Leiter der Staatlichen Agentur zur Lösung von Alkoholproblemen. »Die mittleren Schichten trinken heute zwar weniger destruktiv. Aber arme Leute, Arbeiter, Arbeitslose und Obdachlose trinken mehr, weil sich ihre Lage verschlechtert hat. Mehr als früher trinken auch Frauen und Jugendliche.« Siebenhunderttausend Alkoholabhängige soll es in Polen geben; genaue

Zahlen sind – wen wundert's – nicht zu ermitteln. Mehr als dreihunderttausend Mal pro Jahr landen alkoholisierte Personen in den Ausnüchterungszellen. Als gäbe es nicht genug legale Gelegenheiten, registrierte die Polizei im Jahr 2002 insgesamt 3768 Fälle illegalen Alkoholverkaufs oder -ausschanks sowie 409 Fälle illegaler Spiritusherstellung.

Doch wollen wir die Lage nicht nur in düsteren Farben schildern. Schließlich ist die Alkoholwerbung in Polen in ihrer Farbenfreude und ihrem Einfallsreichtum auf grauen Großstadtwänden nichts weniger als ein ästhetischer Genuss. Einfälle brauchte sie immer wieder: Kaum ein Gesetz wurde in den letzten Jahrzehnten so oft geändert wie jenes »über Erziehung zur Nüchternheit und Bekämpfung des Alkoholismus«. General Jaruzelski hatte es, um das Volk auch beim Trinken zu disziplinieren, in der düsteren Zeit des Kriegsrechts 1982 verabschieden lassen. Ende der neunziger Jahre wurde die Alkoholwerbung völlig verboten. Die Brauer behalfen sich, indem ihre Werbeträger im Fernsehen für alkoholfreies Bier warben und durch Wortspiele und vieldeutiges Blinzeln mitteilten, sie hätten ja noch andere Getränke.

Einige Zeit vor dem EU-Beitritt wurde dann noch einmal novelliert. Jetzt darf für richtiges Bier nach 20 Uhr geworben werden und auf Plakaten den ganzen Tag – unter der Auflage, dass zwanzig Prozent der Werbefläche dem warnenden Hinweis des Gesundheitsministers Platz bieten. So ist es seit längerem auch mit der Nikotinwerbung. Gegenüber dem Wodka dagegen ist weiterhin unerbittliche Strenge angesagt.

Und der Erfolg? Es wird wohl nicht nur an den Verboten gelegen haben. Der Wodka, der kurz nach der Wende noch für fast sechzig Prozent des konsumierten reinen Alkohols aufkam, ist auf unter fünfzig Prozent zurückgefallen, Bier und Wein haben die Aufholjagd begonnen. Und nicht nur das: Polen ist in der Statistik der Alkoholkonsumenten der Welt hinter den zwanzigsten Platz zurückgefallen. Anfang der neunziger Jahre wurden noch elf Liter reinen Alkohols pro Kopf verbraucht, heute sind es acht. Auch die Art, nein, die »Kultur« des Trinkens, wie viele Polen hervorheben, hat sich verändert. Die »Bierbude«, diese schmuddelige Zapfsäule für kommunistische Proletarier, ist fast völlig verschwunden. Die Arbeitgeber schauen immer mehr darauf, in welchem Zustand das Personal zum Dienst erscheint. Der Landwirt mag am Wodka festhalten, der polnische Yuppie dagegen ist weitgehend auf Bier und Wein umgestiegen. Und wer bei schmalem *portfel* (Portemonnaie) einen Mittelweg einschlagen will, greift zu einem billigen, schäumenden Obstwein, der unter den abenteuerlichsten Namen auf dem Markt ist und als Zwölfprozentiger auch die erhoffte körperliche Wirkung nicht verfehlt.

Guten Gewissens zu empfehlen ist auf jeden Fall das süffige Bier der Marke Żywiec. Unter den starken Getränken dagegen *Wódka gorzka żołądkowa*, wörtlich: bitterer Magenwodka. Dieses dezent aromatisierte Getränk ist an seiner leicht bronzenen Färbung zu erkennen; der würzige Geschmack lässt naive Trinker für einen Augenblick vergessen, dass es sich um einen Vierzigprozentigen handelt. Man kann natürlich auch der ungeschminkten Wahrheit ins Auge sehen und zur klaren Wyborowa greifen (Wodka ist in den slawischen Sprachen weiblichen Geschlechts). Oder zur Żubrówka, zum Wisent-Wodka mit dem Büffelgrashalm in der Flasche. Die wasserklaren Wässerchen haben den Vorteil, dass sie mit Mineralwasser unauffällig zu strecken sind. Bei einer hochrangigen Verhandlungsrunde in Warschau, bei der sich kürzlich Polen und Russen gegenübersaßen, war das von staatstragender Bedeutung: Die Gastgeber hatten den Kellner vorher angewiesen, den Russen reinen Wodka einzuschenken und ihnen zur Hälfte verdünnten.

Das führt uns zu der abschließenden Frage: Ist es eigentlich gut oder schlecht, zu trinken und betrunken zu sein? Schon Julian Tuwim, der bedeutendste polnische Lyriker der Zwischenkriegszeit, hat darauf eine Antwort gegeben. In seinem amüsanten Gedicht »Streit mit der Ehefrau« debattiert ein Paar lang und breit, ob und inwieweit das lyrische Ich als betrunken zu bezeichnen sei (oder nur als beschwipst, angeheitert ... es folgen elf weitere einschlägige Begriffe). Abstreiten ist also die Regel; Trunkenheit ist eine Schmach. Doch es gibt Ausnahmen: Gelegentlich fungiert sie als eine Art sozialer Stoßdämpfer, wenn jemand sich nach einem Fehltritt nachträglich für betrunken erklärt. Der prominenteste Fall dieser Art war die schon erwähnte Rywin-Affäre. Der Filmproduzent Lew Rywin hatte dem Chefredakteur Adam

Michnik angeboten, eine für diesen günstige Änderung des Mediengesetzes zu erwirken – gegen ein Schmiergeld von 17,5 Millionen Dollar. Später beteuerte Rywin, er sei damals betrunken gewesen. Doch er hatte Pech: Niemand wollte ihm glauben.

Tereska

Ballade über das Mädchen von nebenan

Kennen Sie Tereska? Gut möglich. Tereska ist heute eine der bekanntesten Polinnen. Der Film mit ihr als Titelheldin ist in Europa und den USA über Leinwände und Bildschirme gelaufen. Einer dieser düsteren neuen Filme aus dem »neuen Europa«. Sie atmen alle ein wenig den Geist des bekannten Regisseurs Krzysztof Kieślowski und seiner Filmreihe »Dekalog«.

Kennen Sie Tereska? Aleksandra Gietner, die im Film die Tereska spielt, ist heute ein Star. Im Jahr 2001 hat Aleksandra oder Ola, wie sie mit ihrem Kosenamen heißt, zum ersten Mal vor der Kamera gestanden, wenig später war sie weltberühmt. Ola also spielt Tereska, ein fünfzehn Jahre altes Mädchen, das bei seinen Eltern in einem tristen Wohnblock in Warschau-Gocław östlich der Weichsel lebt. Tereska, ein zunächst ganz normales Mädchen, singt im Kirchenchor und geht nach Abschluss der achten Schulklasse auf eine Schneiderschule. Doch weder zu Hause noch in der Berufsschule kümmert man sich um sie. Ihre ein Jahr ältere Klassenkameradin Renata (Karolina Sobczak) nimmt sie an der Hand, zeigt ihr, wie man raucht, trinkt und küsst, bald auch, wie man stiehlt, um wieder rauchen und trinken zu können. Zu mehr taugt die Freundschaft nicht. Tereska gerät immer mehr aus der Bahn, kommt unter die Räder, erlebt Verletzungen, Enttäuschungen und Gewalt. In der letzten Szene rächt sie sich: Sie erschlägt den Pförtner Edzio, der im Rollstuhl sitzt und wie sie nach Wärme und Zuwendung verlangt, mit einer Eisenstange.

Das ist der erste Teil der Geschichte. Der zweite: Ola Gietner spielt nicht nur im Film die haltlose, halbwüchsige Kriminelle. Sie ist selber eine. Ola spielt nicht, Ola *ist* Tereska. Die Differenz zwischen Film und Wirklichkeit ist der Name. Olas Vater ist früh gestorben, sie selbst ist ein uneheliches Kind. Die Mutter eine arme Näherin. Mal von der Mutter, mal von der Großmutter betreut, geriet Ola früh in schlechte Gesellschaft. Mit acht Jahren stahl sie zum ersten Mal; heute ist ihre Polizeiakte dick wie ein Telefonbuch. In einem Heim am Stadtrand von Warschau wurde sie von Robert Gliński »entdeckt«, dem Drehbuchautor und Regisseur des Films. Gliński meinte, diese Rolle könne weder eine Schauspielschülerin spielen noch ein Mädchen aus gutem Hause, nur eine Laiendarstellerin aus dem Milieu. Der Regisseur hat unter 160 Kandidatinnen gut gewählt: Olas ungekünstelte Sprache, ihr milieugetreues Auftreten, die improvisierten Dialoge mit Renata machen diesen Film so eindringlich. Die Oma schüttelte den Kopf, gab jedoch ihren Segen und schärfte der Enkelin ein: Nutze deine Chance. Der Regisseur lobte: Ola arbeitet hervorragend, Ola ist diszipliniert.

Der dritte Teil der Geschichte: »Tereska«, ein Schwarzweißfilm, der wie ein Dokumentarfilm wirkt, bekam Preise im In- und Ausland. Ola gab mit blond gefärbtem Haar zum ersten Mal in ihrem Leben Interviews. In Hollywood sollte sie gemeinsam mit Karolina, ebenfalls einer Heiminsassin, einen Preis für jugendliche Darsteller entgegennehmen. Doch nur Karolina flog ins Land der Träume. Ola dagegen floh kurz vor der Reise aus dem Heim, in das sie wegen eines weiteren Ladendiebstahls geraten war. »Fuck Hollywood!«, sagte sie zum Abschied, als sie sich den Rucksack überwarf. »Was ist für dich das Wichtigste?«, fragte sie später eine Reporterin. »Freiheit«, antwortete sie. »Was ist Freiheit?«, fragte die Reporterin. »O Jesus, dass man nicht hinter verschlossenen Türen sitzt.« Bald fand sie die Polizei. Das zur Bewährung ausgesetzte Strafmaß wurde Wirklichkeit: Bis 2007 soll Ola im Heim bleiben.

Polen, deine Trauer hat weder Hände noch Gesicht. Ein sumpfiges Land, in dem die Juden lebten. Warschau gestern: eine Stadt zerstörter Hoffnungen und verpasster Gelegenheiten. Wie wird morgen die Stimme dieser Stadt zu hören sein? Gehört wird, schrieb Brecht, nur die Stimme des Glücklichen; der verkrüppelte Baum kann noch so oft auf den schlechten Boden verweisen, es hilft ihm nichts. Wird Tereska es schaffen? Wird sie, der Warschauer Syrena, der wehrhaften Nixe gleich, bei der nächsten Gelegenheit aus der Weichsel auftauchen und über Wasser bleiben? Wir wissen es nicht. Wir wünschen es ihr.

Nachsatz

Alfred Döblin war in Warschau »mit Taubheit und Stummheit geschlagen«. Der Leser dieses Büchleins wird in Polen einen besseren Eindruck hinterlassen, wenn er sein Gegenüber beiläufig erkennen lässt, dass er Wojtyła geschmeidig als Wojtỳua zu sprechen weiß, Wałęsa als Wauènsa, Kwaśniewski als Kwashnjèwski. Der Dichter Białoszewski klingt nach Biauoschèwski, Mickiewicz tönt wie Mitzkjèwitsch, sein Zeitgenosse Słowacki nach Ssuowàtzki, wie auch Ranicki sich spitz zischend Ranìtzki spricht. Und der Wodka Żubrówka sollte nicht zuberweise getrunken werden, sondern nur aus der Flasche mit dem Etikett schubrrrùwka und mit Augenmaß.

Der Text »Ein polnischer 68er« ist in verkürzter Form in der *Welt*, »Der Albtraum eines betrunkenen Zuckerbäckers« ist in der *Neuen Zürcher Zeitung* erschienen.